Documento de Trabajo
Serie Unión Europea y Relaciones Internacionales
Número 142/ 2024

La cooperación tecnológica entre España y Corea del Sur

La relevancia de la Unión Europea, el éxito del modelo tecnológico surcoreano y la oportunidad de cooperación que ofrecen las energías renovables y el sector del automóvil

Laia Anglada Porta

El Real Instituto Universitario de Estudios Europeos de la Universidad CEU San Pablo, Centro Europeo de Excelencia Jean Monnet, es un centro de investigación especializado en la integración europea y otros aspectos de las relaciones internacionales.

Los documentos de trabajo dan a conocer los proyectos de investigación originales realizados por los investigadores asociados del Instituto Universitario en los ámbitos histórico-cultural, jurídico-político y socioeconómico de la Unión Europea.

Las opiniones y juicios de los autores no son necesariamente compartidos por el Real Instituto Universitario de Estudios Europeos.

Los documentos de trabajo están también disponibles en: www.idee.ceu.es

Serie *Unión Europea y Relaciones Internacionales* de documentos de trabajo del Real Instituto Universitario de Estudios Europeos

La cooperación tecnológica entre España y Corea del Sur. La relevancia de la Unión Europea, el éxito del modelo tecnológico surcoreano y la oportunidad de cooperación que ofrecen las energías renovables y el sector del automóvil

CEU *Ediciones*
Julián Romea 18, 28003 Madrid
Teléfono: 91 514 05 73, fax: 91 514 04 30
Correo electrónico: ceuediciones@ceu.es
www.ceuediciones.es

Real Instituto Universitario de Estudios Europeos
Avda. del Valle 21, 28003 Madrid
www.idee.ceu.es

ISBN: 978-84-19976-41-3
Depósito legal: M-15219-2024

Maquetación: Forletter, S.A.

Índice

Introducción

El Reino de España y la República de Corea establecieron relaciones diplomáticas el 17 de marzo de 1950, cuando ambos países, con sus respectivas embajadas en Washington, efectuaron el cambio de «Notas». No obstante, fue en 1593 cuando se dio el primer contacto entre ambos países, ya que el jesuita toledano Gregorio de Céspedes fue el primer europeo en llegar a Corea desde Japón (Brey, 2019, p. 782). A lo largo de los años, y a pesar de que España y Corea del Sur están separados por una distancia geográfica de más de 10.000 kilómetros, los lazos entre ambas naciones se han fortalecido a través de la firma de tratados que abarcan temas culturales, lingüísticos, comerciales e incluso tecnológicos. Asimismo, la visita a España del entonces presidente Roh Moo-hyun en 2007 propició la firma de un Memorándum de Entendimiento que estableció un Diálogo Político y una declaración conjunta. Posteriormente, en 2017, este Diálogo fue elevado a la categoría de Diálogo Estratégico. Más adelante, en 2019, el Rey Felipe VI visitó a Corea del Sur y facilitó la reapertura del Comité Bilateral de Negocios (Esteban y Armanini, 2020, p. 59) y en 2020 se celebraron los 70 años de relaciones diplomáticas entre el Reino de España y la República de Corea (Chun, 2020, p. 29).

Ambos países poseen una historia política contemporánea bastante convulsa hasta llegar a una ejemplar transición democrática: el Reino de España con la guerra Civil (1936-1939) y el Franquismo (1939-1975), y la República de Corea con la guerra de Corea (1950-1953) y su pasado dictatorial a manos de Park Chung-hee (1961-1979). Los dos países también son bastante parecidos en números de población –España posee a más de 47 millones de habitantes, mientras que Corea del Sur tiene más de 51 millones, (ICEX, 2023a, p. 6)–; en tasa de fertilidad –1,23 hijos por mujer en 2020 en España y 0,78 en 2022 en Corea del Sur, la más baja del mundo (ICEX, 2023b, p. 4)–; y, curiosamente, los surcoreanos son popularmente conocidos como "los mediterráneos de Asia" en ciertos países asiáticos.

No obstante, la política exterior española aún no percibe plenamente la relevancia de Asia:

> "En el caso de España, Asia Oriental tiene una importancia secundaria en comparación con las prioridades tradicionales de su acción exterior, como el Norte de África y América Latina. Este relativo desinterés en la región se refleja en sus relaciones con Corea del Sur" (Esteban y Armanini, 2020, p.59).

Estas prioridades de la política exterior española tienen un evidente impacto en la configuración del Ministerio de Asuntos Exteriores, Unión Europea y Cooperación (MAEC) de España, ya que éste solo posee una Subdirección General de Asia Meridional y Oriental enmarcada bajo la Dirección General para América del Norte, Europa Oriental, Asia y Pacífico. Según el ex Embajador de España en Vietnam y Corea del Sur, Gonzalo Ortiz, entrevistado por el Club de Exportadores e Inversores (2022), la Dirección General abarca un espacio geográfico demasiado amplio que tendría que estar solamente focalizado en Asia y el Pacífico.

En la actualidad, las relaciones bilaterales entre España y Corea han tenido prioritariamente un enfoque económico y comercial, aunque los lazos se han diversificado en diferentes campos de cooperación. Por ejemplo, en 2017 se firmó el Acuerdo de Programa de Movilidad Juvenil y se consiguió la firma de los Memorandos de Entendimiento en materia de Ciencia y Tecnología, Tecnología Industrial, TIC, Infraestructuras y Transporte, Contratación Pública, Turismo y Defensa e incluso se pusieron en marcha otras instituciones, como las Tribunas España-Corea; la Comisión Mixta de Economía en 2008 y la Comisión Mixta de Ciencia y Tecnología en 2017 (Chun, 2020, p. 32).

Objeto de estudio

A pesar de que las entidades que promueven las relaciones entre España y Corea del Sur han publicado a lo largo de los años diferentes informes que recogen el desarrollo histórico y comercial entre los dos países, poco se ha escrito sobre la cooperación tecnológica entre ambos actores.

Revisión bibliográfica

La mayoría de estudios españoles que tratan temas relacionados con Corea del Sur se focalizan en temas culturales (Guarné, 2020), lingüísticos (Torres, 2021) y económicos, especializándose primordialmente en la relevancia del Milagro del Rio Han (Boestel et. al, 2013; Brañas y Espiñeira, 2002; Brañas i Espiñeira, 2007; Cavieres, 2022).

En los últimos años, el mundo académico ha mostrado un especial interés en explicar el éxito del poder blando surcoreano, también conocido como *Hallyu*. Este fenómeno compuesto por varias olas de expansión y divulgación de la cultura surcoreana ha estado ampliamente estudiado por diferentes académicos (Kim, 2015; Pina, 2020; Santos y Marques, 2022; Shin, 2012). El interés por la cultura proveniente de Corea del Sur, junto con sus respectivos impactos en España, se debe a que las pocas Universidades españolas que poseen un equipo de investigación de Asia Oriental –como por ejemplo la Universidad Autónoma de Barcelona, Universidad Autónoma de Madrid, Universidad Complutense de Madrid, Universidad de Málaga, entre otras– están especializadas en temas culturales, pero no en temas relacionados con la economía o en las relaciones internacionales. Por lo tanto, sería interesante que en los próximos años el mundo académico español desarrollase grupos de investigación para tratar temas de Asia desde la disciplina de las relaciones internacionales.

En cuanto al estudio de los lazos bilaterales entre España y Corea del Sur, la mayoría de escritos recogen de modo genérico el desarrollo histórico y comercial (Brey, 2019; Chun, 2020; Lyu, 2020) de dichas relaciones. Además, la mayoría de informes o libros que analizan la República de Corea desde una perspectiva puramente económica o que estudian las conexiones comerciales que tiene con España (Esteban y Armanini, 2020; ICEX, 2022; Rochel y Yeto, 2010) no tienen en consideración la relevancia de la cooperación tecnológica, y si lo hacen, es de modo genérico. Es decir, la mayoría de publicaciones tratan el comercio y las inversiones entre ambos países, resaltan la relevancia del sector tecnológico porque Corea del Sur es pionero en él, pero al mismo tiempo no analizan detalladamente las posibles áreas de cooperación tecnológica entre España y Corea del Sur.

Los únicos estudios que indagan en la cooperación tecnológica entre el Reino de España y la República de Corea (ROK, por sus siglas en inglés) son los capítulos escritos por Espluga (2020) y Blanco (2020), publicados por el Centro Español de Investigaciones Coreanas (CEIC), que tratan la cooperación científica, tecnológica e industrial entre ambos países. En relación a las energías renovables y el sector automóvil, las únicas investigaciones que tratan estos temas son los escritos por Kim (2020) y Gracián (2020), respectivamente. Aunque es preciso destacar que el Centro para el Desarrollo Tecnológico Industrial (CDTI) ha realizado un considerable esfuerzo en la divulgación de las convocatorias de cooperación tecnológica entre los dos países (Pérez y Espluga, 2023).

Así pues, ante una evidente falta de estudios –no actualizados– sobre la cooperación tecnológica entre España y Corea del Sur, el presente trabajo se centrará en dicha materia.

Pregunta de investigación e hipótesis

Teniendo en cuenta que Corea del Sur es mundialmente considerado como un pionero tecnológico, este trabajo parte de la siguiente pregunta de investigación: a partir de las características del modelo de desarrollo tecnológico surcoreano, ¿qué posibilidades de cooperación tecnológica existen entre España y Corea del Sur en la actualidad? En dicha pregunta se diferencia la variable dependiente (las posibilidades de cooperación tecnológica entre España y Corea del Sur en la actualidad) de la independiente (las características del modelo de desarrollo tecnológico surcoreano). La hipótesis principal de este estudio es que, promoviendo la compenetración entre la Administración Pública, la empresa privada y el mundo académico (tal y como hizo y sigue haciendo Corea del Sur) en la cooperación tecnológica entre España y Corea del Sur, las posibilidades de cooperación tecnológica más relevantes giran entorno el sector de las energías renovables y el del automóvil.

Articulada la pregunta de investigación y la hipótesis principal del trabajo, se formulan las siguientes tres hipótesis que se han repartido en cada capítulo del proyecto:

– Hipótesis del capítulo 1: De modo introductorio, las relaciones tecnológicas entre España y Corea del Sur se establecen principalmente en torno al marco institucional que proporciona la Unión Europea con la República de Corea.

- Hipótesis del capítulo 2: El éxito del desarrollo tecnológico surcoreano se debe a su bien estructurada "triangulación" de cooperación entre el Gobierno, la empresa privada y los centros de investigación universitarios.

- Hipótesis del capítulo 3: Las barreras culturales siguen influyendo en la cooperación tecnológica entre España y Corea.

Metodología

Una vez realizada la revisión bibliográfica y planteada la pregunta de investigación, nos encontramos ante una falta de fuentes académicas que analicen detallada y explícitamente la cooperación tecnológica entre el Reino de España y la República de Corea.

Por este motivo, en este trabajo las entrevistas realizadas a diferentes expertos cobran relevancia. Se han efectuado un total de 11 entrevistas a especialistas cuyas carreras académicas o profesionales están relacionadas con España y Corea del Sur, aunque no precisamente con el sector tecnológico. Esto se debe a que actualmente existen pocos expertos en esta materia. Por este motivo, se ha optado por recurrir a otros profesionales como, por ejemplo [ordenados como en los Anexos]:

i.   Juan Pablo Postigo, Manager de estrategia, planificación, importación y compras de UB-Korea.

ii.   Jerónimo Gracián, Subdirector de KOTRA (Korea Trade-Investment Promotion Agency).

iii.   Ramón Pacheco Pardo, Catedrático de Relaciones Internacionales en el King's College de Londres y titular de la Cátedra KF-VUB de Corea en la Brussels School of Governance de la Universidad Libre de Bruselas.

iv.   Esther Torres Simón, doctora y miembro del Equipo de Investigación InterAsia de la Universidad Autónoma de Barcelona.

v.   Jordi Espluga Bach, representante del Centro para el Desarrollo Tecnológico y la Innovación (CDTI) en la República de Corea, Taiwán y Singapur.

vi.   Jang Mi Baek, Directora de Melbot Studios y exdirectora de la Oficina Exterior de ACCIÓ en Seúl.

vii.   Enrique Viladeplana Torres, Presidente de la Cámara de Comercio de España en Corea del Sur.

viii.   Jae Wan Lee, Investigador Senior en el Instituto Coreano para el Avance Tecnológico (KIAT).

ix.   Juan José Ramírez Bonilla, profesor e investigador del Colegio de México en el Centro de Estudios de Asia y África.

x.   Emilio de Miguel Calabia, Director de Casa Asia (Madrid) y Embajador en Misión Especial de España para el Indo-Pacífico.

xi.   Ramón Gascón, exdirector General del BBVA en China y Corea del Sur, Coordinador de Asia en el Club de Exportadores e Inversores de España.

El modelo original de la entrevista (Anexos, Documento 1), compuesta por seis preguntas de carácter genérico, ha sido adaptado (Anexos, Documento 2) en una ocasión para facilitar la participación de aquellos expertos –como Esther Torres (Anexos, Entrevista 3)– cuyo campo de trabajo no es el sector comercial, industrial o tecnológico. No obstante, su aportación es enriquecedora para comprender el peso cultural en las relaciones entre ambos países. Las entrevistas se han grabado en audio y han sido posteriormente transcritas (a veces incluso del catalán al castellano, como el caso de Jordi Espluga), excepto la realizada a Jae Wan Lee, quién prefirió responderla por escrito y en inglés porque no entiende el castellano.

Es relevante precisar que se ha intentado contactar con otros especialistas, tanto españoles como surcoreanos, de diferentes entidades –como el Real Instituto Elcano (dos veces), el Centro Español de Investigaciones Coreanas (CEIC, también dos veces), la Korea University, la Yonsei University y la Seoul National University–, pero o bien no se ha obtenido respuesta alguna o los expertos no han querido ser entrevistados, ya que su especialización no giraba entorno la cooperación tecnológica entre España y Corea del Sur. Asimismo, la autora del presente trabajo tuvo ocasión de hablar con el ex Embajador de España en Corea del Sur, Gonzalo Ortiz, cuya opinión no se ve reflejada en la investigación por petición personal. No obstante, su perspectiva ha sido de gran ayuda para encaminar el cauce del estudio. Por este motivo, sería conveniente que las futuras investigaciones consiguieran entrevistas en los centros mencionados e incluso ampliasen la batería de entrevistas a otras instituciones y expertos.

En cuanto a la metodología empleada en este trabajo de investigación, se ha optado por un método deductivo que combina la información descriptiva extraída de las fuentes académicas para complementar las perspectivas de los expertos con el método analítico. Sin embargo, las preguntas con carácter genérico de las entrevistas no están formuladas con el fin de obtener una respuesta numérica o cuantificable. Dicho de otro modo, el método descriptivo es necesario para analizar las fuentes secundarias. El método analítico permite complementar la parte descriptiva con la información extraída de las entrevistas. Se intentan contrastar todos los puntos de vista recopilados, proponiendo un estudio que incorpore la perspectiva de los académicos, de los funcionarios diplomáticos de España y de los profesionales del sector comercial, empresarial y tecnológico –tanto español como surcoreano, aunque este último con menor representación–. Se prioriza la opinión profesional de cada uno de los especialistas para así reforzar las fuentes secundarias consultadas y reafirmar –o desmentir– las hipótesis planteadas en cada capítulo de este estudio, así como también la pregunta inicial de investigación. En relación a la distribución de las opiniones de las entrevistas a lo largo de los tres bloques del trabajo, en todos ellos se puede apreciar la voz de los entrevistados, aunque no por un orden específico.

Fuentes de conocimiento

Los materiales y recursos empleados en la consecución de este proyecto son tanto primarios (Acuerdos, Decisiones del Consejo de la Unión Europea, informes oficiales) como secundarios (artículos académicos, libros, tesis y entrevistas de realización propia). Los materiales escritos en coreano han sido descartados y solo se han priorizado las fuentes en español e inglés. En los próximos estudios, cuando la autora del presente trabajo disponga de un nivel de coreano avanzado, sería interesante ampliar las fuentes de conocimiento a estos tres idiomas.

Plan de exposición

Este trabajo contiene tres capítulos diferenciados, junto con una introducción, una conclusión y unos anexos –que es donde se adjuntan las transcripciones de las 11 entrevistas realizadas–.

El primer capítulo desarrolla de modo introductorio las relaciones comerciales entre la Unión Europea, España y Corea del Sur desde una perspectiva tecnológica. En él se analiza la relevancia de la UE en las relaciones con el país asiático –analizando el Tratado de Libre Comercio (TLC) de la UE y Corea del Sur, así como la cooperación tecnológica entre ambos actores–. También se estudian las relaciones comerciales entre España y Corea, describiendo los intercambios comerciales (de bienes y servicios) y las inversiones de las empresas surcoreanas en España junto con sus tratados acordados y las entidades que promueven dichas relaciones.

El segundo capítulo trata el modelo de desarrollo tecnológico de la República de Corea. Este segundo bloque se ha dividido en dos subapartados: el primero, que analiza históricamente el modelo tecnológico de Corea del Sur junto con la reciente relevancia del poder blando surcoreano en sus respectivas relaciones comerciales; y el segundo, que analiza las lecciones que se pueden aprender de dicho modelo, prestando especial atención al éxito surcoreano con la triangulación entre la Administración Pública, la empresa privada y el mundo académico, así como también las lecciones que las empresas españolas pueden aprender del modelo tecnológico surcoreano.

El tercer bloque analiza la cooperación tecnológica entre España y Corea del Sur, centrándose en la iniciativa del "Korea & Spain Energy Innovating" (KSEI) y sus convocatorias. Se pretende determinar si los sectores de las energías renovables y del automóvil son posibles áreas de cooperación tecnológica para ambos países. Asimismo, también se ha prestado especial atención a la relevancia de las barreras culturales y otros obstáculos que tienen una influencia directa en dicha cooperación, junto con las recomendaciones y oportunidades para superarlos.

I. Las Relaciones Comerciales entre la UE, España y Corea del Sur desde una perspectiva tecnológica

Este primer capítulo analiza de modo introductorio y general el rol que ejerce la Unión Europea en la cooperación tecnológica entre el Reino de España y la República de Corea. De hecho, la hipótesis de esta primera parte es que la cooperación tecnológica entre España y Corea del Sur se establece, en una apreciable medida, en torno el marco de relaciones diplomáticas y comerciales entre la Unión Europea y Corea del Sur.

El capítulo se ha dividido en dos partes: la primera, que analiza la relevancia de la Unión en las relaciones entre España y Corea del Sur –y que por lo tanto tiene en consideración el Tratado de Libre Comercio (TLC) entre la UE y la ROK desde una perspectiva tecnológica–; y la segunda, que examina a groso modo las relaciones comerciales entre España y Corea del Sur –tratando los acuerdos existentes entre ambos países y las instituciones que promueven dichas relaciones–. Es relevante destacar que esta primera parte establece las premisas del segundo y tercer capítulo.

1.1. Relevancia de la UE en las relaciones entre España y Corea

El papel que ejerce la Unión Europea en las relaciones entre España y Corea, sobre todo en el sector comercial y tecnológico, es de lo más importante. Durante la última década, las relaciones económicas entre la UE y Corea han crecido considerablemente: en 2010 las relaciones se elevaron a un Parteneriado Estratégico; Bruselas y Seúl firmaron un Tratado de Libre Comercio en 2011 que entró en vigor el 2015; en mayo de 2010 se firmó el Acuerdo Marco que entró en vigor en 2014 y el Acuerdo de Participación en la Gestión de Crisis firmado en mayo de 2014 entró en vigor posteriormente en 2016 (Pacheco, 2020a, p. 8; Pacheco, 2020b, p.1). Así pues, el TLC, que a continuación será examinado por ser el más relevante, es solo uno de los tres acuerdos clave que abarcan las diferentes relaciones económicas, políticas y de seguridad entre ambas partes.

1.1.1. El Tratado de Libre Comercio UE-Corea del Sur

El Tratado de Libre Comercio entre la República de Corea y la UE marca un hito significativo en la cooperación bilateral entre ambas partes. La ROK se convirtió en el primer país asiático en establecer un acuerdo comercial con la UE, mientras que, para la Unión Europea, este tratado fue el primero en incluir un capítulo dedicado al Comercio y el desarrollo sostenible. El Tratado se aplicó de manera provisional hasta julio de 2011, momento en el que entró en vigor el TLC entre la UE y Corea del Sur, ratificado posteriormente en diciembre de 2015 (Comisión Europea, s.f.-a).

Sin embargo, antes de 2011, específicamente el 23 de abril de 2007, el Consejo otorgó autorización a la Comisión para negociar el mencionado tratado. Según lo establecido en el artículo 15.10 del Tratado, este comenzó a aplicarse de manera provisional mientras se completaban los procedimientos para su celebración. El segundo párrafo del mismo artículo estableció que el tratado solo entraría en vigor sesenta días después de que las partes intercambiaran notificaciones por escrito, certificando la finalización de sus procedimientos y los requisitos legales correspondientes, o en una fecha acordada por ambos actores (Decisión del Consejo de la UE, 2011/265/UE, 2011).

En el acuerdo ambas partes pactaron una serie de puntos que han facilitado un fuerte desarrollo de la cooperación entre la UE y la ROK. Entre dichos objetivos se puede destacar la eliminación de los aranceles y otras barreras comerciales que facilitan las exportaciones e importaciones de las empresas (entre ellas tecnológicas) de las dos partes; el impulso de los servicios comerciales en sectores clave como el TIC, servicios medioambientales y transporte marítimo; la mejora de la protección de los derechos de propiedad intelectual en Corea del Sur, entre muchas otras (Art. 1.1. Tratado de Libre Comercio, 2011; Comisión Europea, s.f.-b).

A lo largo de los primeros cinco años, se evidenciaron los beneficios del Tratado, con un incremento del 55% en las exportaciones de la UE a Corea del Sur. Además, las empresas europeas se beneficiaron de un ahorro de 2.800 millones de euros en concepto de derechos de aduana reducidos. En este período, el comercio de mercancías entre la UE y Corea del Sur alcanzó un nivel récord, superando los 90.000 millones de euros. Sin embargo, no fue hasta el año 2011 cuando se produjo la eliminación de los derechos de aduana sobre prácticamente todos los productos

(98,7%) en el marco de este acuerdo comercial entre ambas potencias (Comisión Europea, s.f.-b). Tal y como se puede apreciar en el Gráfico 1, entre 2011 y 2017 el comercio bilateral entre ambas partes fue positivo: pasando de 39.000 millones de euros en 2010 a 47.000 millones de euros en 2017, siendo el periodo entre 2016 y 2017 beneficioso para la República de Corea (Pacheco et. al., 2018, p. 10). Es decir, en el siguiente gráfico queda reflejado que durante los primeros años del Acuerdo era Corea del Sur quién exportaba más que Europa. Hecho que cambió en 2012 y 2013, cuando la Unión Europea consiguió empezar a exportar al mismo nivel que las importaciones. Esto fue así hasta 2016 y 2017, cuando Corea del Sur volvió a ponerse a la altura.

Gráfico 1. Evolución del comercio UE-Reino de Corea (2010-2017, en millones de euros, por sección de la CUCI)

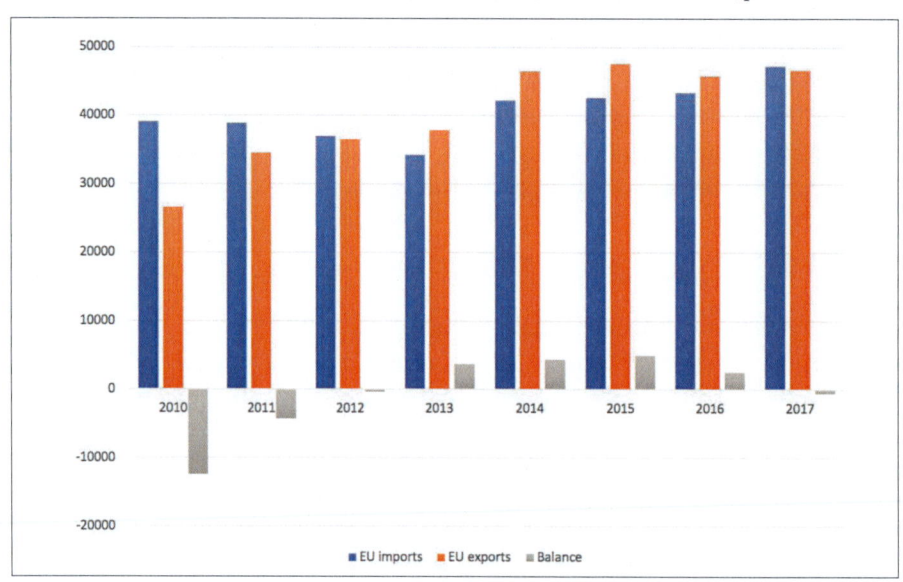

Fuente: Pacheco et. al., 2018, p. 10

El patrón positivo en las relaciones entre la Unión y la República de Corea también se puede presenciar en los últimos años (Gráfico 2), ya que el comercio bilateral total de mercancías entre ambas partes ascendió a 107.300 millones de euros en 2021, un 70,8% más que en 2011. En 2022, el comercio bilateral total ascendió a 132.100 millones de euros. De hecho, tal y como asegura la Comisión Europea (s.f.-a), "el comercio bilateral entre la UE y Corea sigue estando muy concentrado en los sectores industriales, que representaron el 95,9% del comercio bilateral total en 2021, incluyendo maquinaria y aparatos (33,9%), equipos de transporte (18,9%) y productos químicos (15,1%)."

En relación a esto, según la Embajadora de la Unión Europea en la República de Corea, María Castillo (Casa Asia, 2023), a pesar de que el primer socio comercial de Corea del Sur es China (con quién comercia más que con Europa, Japón y Estados Unidos juntos), la Unión Europea es un mercado muy atractivo y llamativo para la República de Corea. Asimismo, desde el apoyo a Ucrania por parte de Corea del Sur y el lanzamiento en diciembre de 2022 de la "Estrategia para una región Indo-Pacífica libre, pacífica y próspera" de la ROK, ambas partes parecen tener más puntos en común que en cualquier otro momento del pasado.

Gráfio 2 . Comercio de mercancías entre la Unión Europea y Corea del Sur en millones de euros

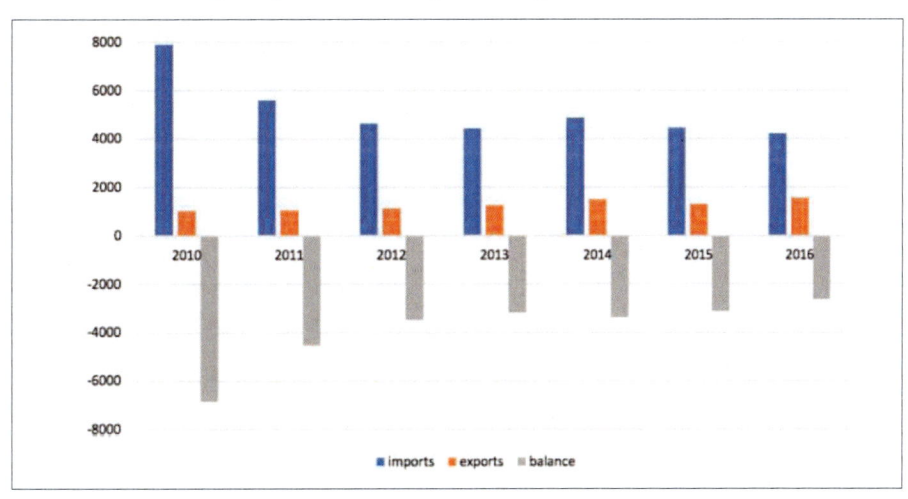

Fuente: Comisión Europea, s.f.-a.

En cuanto al comercio tecnológico y electrónico entre ambas partes antes de la pandemia COVID-19, este sector representaba, junto al de las telecomunicaciones, aproximadamente el 9.5% de las importaciones totales de la UE provenientes de la ROK y alrededor del 3% de las exportaciones totales de la UE. Según Pacheco et.al (2018, p. 19) destacaban en particular las importaciones de circuitos integrados electrónicos (47%) y telefonía móvil (20%). En cambio, en cuanto a las exportaciones de la UE en este sector, los circuitos integrados electrónicos (43%), las placas y consolas electrónicas (15%) y los equipos de telecomunicaciones (14%) eran los productos dominantes. No obstante, tal y como se puede apreciar en el Gráfico 3, esto no significa que no existiera un déficit comercial en 2017, incluso cuando las importaciones de la UE en esta industria habían experimentado una disminución del 22% desde 2010 y las exportaciones habían aumentado un 33%.

Gráfico 3. Comercio de productos electrónicos y de telecomunicaciones entre la
UE y la República de Corea (2010-2016), en millones de euros

Fuente: Pacheco et. al., 2018, p. 19

El sector automovilístico es también otro elemento de interés para esta investigación y el que supuso el éxito más sorprendente; alcanzando que las ventas de automóviles de la UE a Corea del Sur aumentasen el doble los resultados previos a la entrada en vigor del tratado. Aunque las empresas coreanas se beneficiaron de una ventaja en términos de volumen de ventas de automóviles, la industria automovilística de la UE alcanzó mayores cifras en valor total de los automóviles exportados, lo que refleja la alta participación de automóviles de lujo de alto precio que se enviaban desde la UE a Corea del Sur.

"El país asiático se había convertido en uno de los mercados de más rápido crecimiento de la marca inglesa Jaguar-Land Rover (con planes para abrir 18 salas de exposición en Corea); Bentley vendió más vehículos en Corea en el año 2014 que en cualquier otro de los mercados donde opera, y Mercedes Benz estaba experimentando fuertes tasas de crecimiento interanual en sus ventas" (Cherry, 2018, p .27).

Curiosamente, durante los primeros meses de la pandemia (de enero a abril de 2020), las importaciones de la UE procedentes de Corea del Sur cayeron de 15.900 a 15.300 millones de euros, lo que en comparación al primer cuatrimestre de 2019 implicó una caída del 4%. De modo similar, "las exportaciones de la UE a Corea del sur disminuyeron un 25% durante este periodo" (Eurostat, 2020).

Tras el COVID-19, ha quedado más que demostrado que la Unión Europea y la República de Corea son "socios afines", ya que ambos están unidos por valores comunes que defienden la democracia, la economía de mercado, el estado de derecho y la paz internacional (Pacheco, 2021, pp. 5-6; Lee, 2021, p. 68). La preferencia de ambas partes de mejorar la cooperación actual queda también reflejada con los cambios que el presidente Yoon Suk-yeol, presidente de la ROK desde el pasado mayo de 2022, está realizando al alinearse con Europa en la guerra de Ucrania y establecer una Estrategia para el Indo Pacífico, anteriormente mencionada. En la actualidad, la Unión Europea es el tercer socio comercial y el mayor inversor extranjero para Corea, mientras que la ROK es el noveno socio comercial de la UE (Solís, 2021, p. 1). Paralelamente, se ha iniciado un proceso de revisión del Acuerdo de Libre Comercio, lo que indica que ambas partes ven la oportunidad de fortalecer aún más sus lazos comerciales e inversionistas. También se pretende profundizar aún más en el Acuerdo Marco y en el Acuerdo de Participación en la Gestión de Crisis.

1.1.2. La cooperación tecnológica UE-Corea del Sur

Las relaciones entre Corea del Sur y Europa han sido positivas desde sus inicios y, tal y como ha quedado demostrado anteriormente, en ellas ha habido una clara preferencia por el sector industrial y tecnológico. La actual cooperación tecnológica entre la Unión Europea y la República de Corea gira entorno lo establecido en la 10º Cumbre entre ambas partes, que tuvo lugar el pasado 22 de mayo de 2023 en Seúl. En dicha Cumbre se reafirmó la necesidad de lanzar una Asociación Verde, iniciar las negociaciones formales para que la ROK se asocie al programa de investigación Horizonte Europa y profundizar los compromisos vinculantes en materia de comercio digital, ampliando también la cooperación en el marco de la Asociación Digital que ambas partes tienen (Comisión Europea, 2023).

Según la misma Comisión Europea (s.f.-c), la cooperación científica con Seúl es una prioridad para Europa, siendo las áreas prioritarias de cooperación tecnológica a largo plazo el 5G, el Internet de las Cosas, la nube e inteligencia artificial, la nanoelectrónica y nanoseguridad, la innovación en energías limpias, las enfermedades infecciosas, la investigación del epigenoma y la navegación por satélite. Asimismo, el Horizonte Europa es el Programa Marco de Investigación e Innovación de la UE, que permite que aquellos países como Corea del Sur y los estados miembro con gran capacidad en Ciencia, Tecnología e Innovación cooperen en I+D. Según María Castillo (Casa Asia, 2023), la Embajadora de la UE para la República de Corea, en la cumbre los tres temas principales a desarrollar han sido:

i)   La seguridad económica: estableciendo más resiliencia en las cadenas de producción para no depender de materias primas indispensables para el desarrollo tecnológico tal y como pasó durante la Pandemia.

ii)   La seguridad cibernética, ya que el espacio será una de las próximas áreas en las que se intentará establecer más cooperación (teniendo siempre en cuenta a Corea del Norte como un actor no aliado).

iii) El Partenariado Verde: la asociación en energías renovables, la cooperación digital, el deber de cumplir con el objetivo de bajas emisiones de carbono, entre otros factores.

Teniendo en cuenta que este trabajo tiene como principal objetivo determinar las posibles áreas de cooperación tecnológica existentes entre el Reino de España y la República de Corea y que este primer capítulo es solo introductorio para establecer el marco en el que se dan dichas relaciones, a continuación, se procederá a analizar la cooperación de la Unión y la ROK en Eureka, el Partenariado Digital y el Partenariado Verde entre los dos actores. Esto es así porque en 2020 la administración del entonces presidente surcoreano Moon Jae-in lanzó un programa masivo dirigido por el Gobierno para así sentar las bases del futuro crecimiento económico, también conocido como el "Korean New Deal", compuesto por dos pilares relevantes: el "Digital New Deal" y el "Green New Deal". Dichos programas siguen las mismas directrices que las europeas.

Eureka

Dentro de Eureka, conocida como la mayor red pública del mundo en cooperación internacional en I+D e innovación en más de 45 países (entre ellos figuran tanto Europa como la ROK), el buscador de socios más importante en Corea del Sur es, sin duda alguna, KIAT (Korean Institute for Advancement of Technology). Según Jean Wan Lee, el investigador senior en KIAT, a pesar de que a veces la cooperación entre Europa y Corea del Sur puede ser tediosa debido a que "las compañías tienen que cumplir la normativa europea, lo que dificulta la adaptación a las características nacionales y sus peticiones específicas", el mercado europeo y español son una buena oportunidad de cooperación para las compañías surcoreanas (Lee, entrevista personal, 28 de abril de 2023). Así pues, para la Unión, los dos fondos más llamativos con Seúl podrían ser (Eureka, s.f.):

i. Eureka Clusters

Son programas enfocados en la industria con comunidades de expertos, grandes compañías, pequeñas y medianas empresas, universidades y equipos de investigación en materia de energía baja en emisiones de carbono, innovación en software, fabricación y producción avanzada o incluso componentes electrónicos. Por ejemplo, el pasado 28 de abril de 2022 se cerró la convocatoria para proyectos innovadores entre España y Corea del Sur, cuyos proyectos tenían que estar compuestos por lo menos una compañía española y una surcoreana (Eureka, 2022).

ii. Eurostars

Enfocado a las medianas y pequeñas empresas, como las PYMEs más innovadoras que reciben financiación nacional y europea a través del Horizonte Europeo. Este puede ser un buen sector de cooperación, ya que "el Gobierno de Corea implementó un Ministerio especializado en las PYME, hecho que ejemplifica la importancia que se le concede a este sector" (Espluga, entrevista personal, 4 de abril de 2023). Según Espluga, el representante del CDTI en la ROK, el Gobierno surcoreano dispone de muchos fondos para financiar este sector. No obstante, esto genera las Startups "zombies" y, posteriormente, cierto apalancamiento en el ecosistema privado, aunque sigue habiendo mucha innovación tanto a nivel privado, como público y educativo.

En Eurostars, KIAT cubre hasta el 67% de los costes para las pequeñas empresas y el 50% para las medianas. Además, el importe máximo de financiación por proyecto es de 1,1 millones de euros.

Partenariado Digital UE-ROK

El 29 de marzo de 2007 entró en vigor el Acuerdo sobre Cooperación Científica y Tecnológica entre la Comunidad Europea y el Gobierno de la República de Corea, cuyo Art. 1 establecía como objetivo facilitar y propulsar la cooperación en el ámbito tecnológico siguiendo los principios de contribuciones y beneficios mutuos equitativos; el acceso mutuo de los investigadores de la otra parte del programa; el intercambio oportuno de información en dichas actividades; la promoción de una sociedad basada en el conocimiento en beneficio del desarrollo socioeconómico y la protección de los derechos de propiedad intelectual.

Desde 2007, dicha cooperación se puede dar de dos modos diferentes (EUR-Lex, 2019), a través de:

i. Actividades de cooperación directa: con reuniones para debatir e intercambian información o la ejecución misma de proyectos y programas de cooperación.

ii. Actividades de cooperación indirecta: cualquier otra entidad jurídica establecida en alguna de las dos partes que quiera establecer una cooperación en base a la conformidad con las leyes y reglamentos de la otra parte.

Posteriormente, el 28 de noviembre de 2022, Europa y Corea del Sur lanzaron un nuevo Partenariado Digital para cooperar en la Cuarta Revolución Industrial. En el texto de dicho partenariado se resalta que el pasado presidente surcoreano, Moon Jae-in, propulsó una Estrategia Digital (también conocida como "Korean Digital Strategy") que establece un buen plan para reforzar la competitividad digital en la IA y el avance estructural en diferentes ámbitos económicos a través del liderazgo del sector privado. En el punto 18 del texto se plasman las bases de la cooperación a largo plazo, enfatizando la necesidad de focalizarse en las TIC, el 5G y 6G, el Horizonte Europa, el Programa Marco de Investigación e Innovación de la UE, la IA, la ciberseguridad, los semiconductores, la computación de alto rendimiento (HPC) y la tecnología cuántica, hecho que queda reiterado en el Anexo del mismo texto (Comisión Europea, 2022a).

Partenariado Verde UE-ROK

El "Green Deal", también conocido como Acuerdo Verde Europeo, es una iniciativa integral y un marco político introducido por la Unión Europea cuyo principal objetivo es convertir a la UE en una economía sostenible y neutra en carbono para el año 2050. Este acuerdo abarca una amplia gama de áreas: como la reducción de las emisiones de gases de efecto invernadero, la promoción de fuentes de energía limpia, la transición hacia una economía circular, la protección de la biodiversidad y la garantía de una transición justa e inclusiva. El "Green Deal" establece objetivos ambiciosos y propone medidas para abordar el cambio climático, la degradación ambiental y los desafíos de la sostenibilidad, al tiempo que impulsa el crecimiento económico y la creación de empleo.

Muchos de estos objetivos se superponen con los del "New Green Deal" surcoreano, un pacto dividido en diez proyectos clave, que abarcan desde la movilidad libre de emisiones contaminantes hasta la atención médica conectada a la inteligencia artificial. Este acuerdo incluye la participación de los gobiernos estatales y locales para fomentar el desarrollo, así como la investigación, además de la generación de empleo en las economías de las regiones menos pobladas del territorio. Sin embargo, ¿son completamente idénticos el "Green Deal" europeo y el "New Green Deal" surcoreano? En caso de que haya diferencias, ¿en qué aspectos se distinguen?

Los Estados miembros de la Unión Europea firmantes del Acuerdo Verde se enfrentan al reto de ejecutar las medidas necesarias para aplicarlo correctamente, pero, aunque el acuerdo tiene un potencial significativo y pretende abordar los acuciantes retos medioambientales y de sostenibilidad, también se enfrenta a algunas desventajas y desafíos potenciales. Estos retos no son tan diferentes de los que afronta la República de Corea. Por ejemplo, la necesidad de realizar importantes inversiones en infraestructuras sostenibles, investigación y desarrollo o fuentes de energía renovables puede provocar inicialmente trastornos económicos, sobre todo para las industrias que dependen en gran medida de los combustibles fósiles o el carbón –como ocurre en general con los sectores industriales de la ROK–. En relación con esta última cuestión, algunos analistas sostienen que la UE debería poner en marcha un plan como el Fondo de Transición Justa propuesto por Úrsula von der Leyen para apoyar a los trabajadores que pierdan su empleo durante la transición verde (Claeys et.al., 2019, p. 6).

No obstante, también hay otras entidades como el Agora Energiewende que defienden que el Acuerdo Europeo Verde es un claro marco de transición verde a largo plazo con una ambición climática a medio y largo plazo, a la vez que facilita la cooperación climática internacional; mientras que el "Green New Deal" surcoreano es una simple respuesta a la recesión económica causada por la pandemia; y, como consecuencia, sólo se centra en proyectos de inversión concretos, promoviendo puestos de trabajo en lugar de una transición verde de toda la economía" (Agora Energiewende, 2022, p. 39). Sin embargo, estos argumentos (Tabla 1) no tienen en cuenta que Corea del Sur también tiene un plan para el año 2050 para reducir la industria y la dependencia del carbono.

Tabla 1. Comparación entre el Acuerdo Verde la UE y el "Green New Deal" surcoreano

	EU Green Deal	Korean Green New Deal
Visions	Economic transition to achieve climate neutrality by 2050	Responding to the economic recession caused by COVID-19 by evolving into a carbon-neutral society
Timeframe	2019-2050	2020-2025
Financial Endowment	€503 billion (to mobilise at least €1 trillion over next 10 years) + NGEU	₩61 trillion (about €45 billion) by 2025
Legal basis	EU Climate Law	Carbon Neutrality Law
Main responsible authorities	European Commission and Member States	Ministry of Finance and Ministry of Environment
Main themes	Energy, industry, buildings, transport, agriculture, eco-systems and biodiversity, circular economy, cross-sectoral initiatives.	Infrastructure, energy, green industry, establishment of a carbon-neutral basis
Complementary measures	NGEU, Fit for 55, RePowerEU	Green New Deal 2.0

Agora Energiewende (2022) based on the official documents in the EU and Korea

Fuente: Agora Energiewende, 2022, p. 40

Es importante señalar que, si bien existen estas desventajas, el Acuerdo Verde Europeo también hace hincapié en la importancia de la cooperación y la colaboración internacional para abordar los problemas medioambientales mundiales. Un gran ejemplo pueden ser las relaciones o conexiones entre la Unión Europea y la República de Corea en el área medioambiental verde. De hecho, el 27 de enero de 2022 se celebró la cuarta reunión del Grupo de Trabajo sobre Energía, Medio Ambiente y Clima de la Unión Europea y la República de Corea.

La reunión facilitó un debate exhaustivo sobre sus respectivas políticas y el potencial para mejorar la cooperación bilateral en las áreas mencionadas anteriormente. El Grupo de Trabajo, creado en 2018 en virtud del Acuerdo Marco entre la Unión Europea y la República de Corea, es una plataforma que sirve de foro para un diálogo en profundidad sobre cuestiones de energía, medio ambiente y cambio climático en el contexto de la transición hacia una energía limpia y la recuperación ecológica. Además, a finales de mayo de 2023 tuvo lugar la 10º Cumbre entre la UE y la República de Corea para celebrar los 60 años de relaciones entre ambas partes, en el que se enfatizó la necesidad de mejorar el Partenariado Digital y el Partenariado Verde.

Corea del Sur y la Unión Europea han mantenido conversaciones y han cooperado en materia de cambio climático y sostenibilidad, incluyendo aspectos relacionados con el "Green Deal" de la UE. Un ejemplo de esta relación es el hecho de que ambas partes se han fijado objetivos ambiciosos para alcanzar la neutralidad en carbono. La UE aspira a ser climáticamente neutra en 2050, mientras que Corea del Sur se ha fijado el objetivo de alcanzar las emisiones netas cero en el mismo año. Como afirman algunos expertos, esto puede ser la viva imagen de que ambas entidades están explorando la posibilidad de profundizar su cooperación en cuestiones que serán críticas en un futuro próximo. En otras palabras, parece que ambas partes están profundamente preocupadas por las consecuencias de la acción humana sobre el planeta y la insostenibilidad a no largo plazo de sus modelos económicos. Con motivo de esta preocupación, ambas partes están intercambiando puntos de vista sobre sus objetivos en cuanto a emisiones de gases de efecto invernadero para 2030, recientemente actualizados, y debatiendo el resultado de su cooperación en la COP27 para mantener el calentamiento global por debajo de 1,5 °C (European Union External Action, 2022).

1.2. Las relaciones comerciales entre España y Corea del Sur

Las relaciones comerciales entre el Reino de España y la República de Corea se caracterizan por carecer de conflictos. En 2022, Corea fue el tercer lugar de destino de exportaciones españolas al continente asiático. A diferencia de las relaciones comerciales con la UE, en las que Corea mantiene un déficit comercial, tal y como queda reflejado en la Tabla 2 "en 2022 ha aumentado el déficit en el saldo bilateral que tradicionalmente ha sufrido España frente a Corea (874 millones de euros en 2019, 802 millones de euros en 2020 y 812 millones de euros en 2021)" y en 2022 España ha mantenido un saldo bilateral deficitario de 1.752 millones de euros (ICEX, 2023a, p .48).

Tabla 2

BALANZA COMERCIAL BILATERAL. FUENTE ESPAÑOLA					
Datos en millones de EUR					
	2018	2019	2020	2021	2022
Exportaciones	2.010	2.249	1.509	1.936	2.181
Importaciones	3.131	3.123	2.401	2.748	3.933
Saldo	-1.121	-874	-892	-812	-1.752
Cobertura (%)	64,2	72	62,8	70,5	55,45
Fuente: ICEX, Análisis del Comercio Exterior Español					

Fuente: ICEX, 2023a, p. 51

Intercambios comerciales

Tal y como queda reflejado en la Tabla 3, en 2022 el sector que mantuvo el mayor peso en términos económicos fue, sin duda alguna, el de productos industriales y tecnológicos. Por su relevancia, el presente trabajo se ha focalizado en estos productos. Así pues, este sector supuso en 2022 un 45% de las exportaciones y hasta un 93% de las importaciones. En la siguiente figura queda plasmado que durante el 2018 y 2019 había más exportaciones españolas en productos industriales y tecnológicos que en 2020, 20221 y 2022 (ICEX, 2023a, p. 49).

Tabla 3

EVOLUCIÓN DE LAS EXPORTACIONES ESPAÑOLAS POR SECTORES ICEX					
Datos en millones de EUR					
	2018	2019	2020	2021	2022
1. Agroalimentarios	434,1	408	377,5	670,7	880,7
2. Bebidas	42,5	49,7	68,3	62,7	63,9
3. Bienes de consumo	216,3	229,8	195,6	237,1	253,7
4. Productos industriales y tecnología	1.317	1.562	867,8	965,2	982,8
EXPORTACIÓN TOTAL DE ESPAÑA A COREA	2.010	2.249	1.509	1.936	2.181
Fuente: ICEX, Análisis del Comercio Exterior Español					

Fuente: ICEX, 2023a, p. 49

No obstante, al contemplar la Tabla 4, que recoge las exportaciones españolas a Corea del Sur desglosadas por capítulos arancelarios, la partida más exportada en 2020 y 2022 es la de carne y despojos comestibles (pasando de 247,8 millones de euros en 2020 a 475,3 millones de euros en 2022), mientras que en segundo lugar se encuentran las exportaciones de máquina y aparatos mecánicos (pasando de 139,3 millones de euros en 2020 a un pequeño incremento de 177,5 millones de euros en 2022). Asimismo, también se percibe un evidente declive de la exportación española en materia de vehículos automóviles (pasando de 146,1 millones de euros en 2018 a 47,7 millones de euros en 2022) y aeronaves (pasando de 214,3 millones de euros en 2018 a 0,1 millones de euros en 2022), (ICEX, 2023a, p. 49).

Tabla 4

EXPORTACIONES POR CAPÍTULOS ARANCELARIOS (TARIC). FUENTE ESPAÑOLA					
Datos en millones de EUR					
	2018	2019	2020	2021	2022
02 Carne y despojos comestibles	247,8	227,4	190,9	413,5	475,3
84 Máquinas y aparatos mecánicos	139,3	124	101,9	80,6	177,5
26 Minerales, escorias y cenizas	150,5	152,8	119,1	136,3	146,5
30 Productos farmacéuticos	134,9	149,1	141,8	90,5	138,8
15 Grasas, aceite animal y vegetal	60,4	63,7	61,6	96,6	133,6
85 Máquinas, aparatos y material eléctrico	86,9	113,1	88,2	94,9	134
03 Pescados, crustáceos moluscos	37,7	22,1	27,8	38,6	99,3
39 Materias plásticas y sus manufacturas	80,2	53	48,5	51,6	66,6
62 Prendas de vestir, no punto	54	58,6	55,9	54,2	57,9
87 Vehículos automóviles,	146,1	127,4	130,6	121,9	47,7
88 Aeronaves	214,3	573,5	4,3	3,1	0,1
EXPORTACIÓN TOTAL DE ESPAÑA A COREA	2.010	2.249	1.509	1.936	2.181
Fuente: ICEX, Análisis del Comercio Exterior Español					

Fuente: ICEX, 2023a, p. 49

En cuanto a los principales capítulos arancelarios importados en 2022, en la Tabla 5 se aprecia que destacan los vehículos automóviles (1.142,7 millones de euros), las materias plásticas y sus manufacturas (404,8 millones de euros), las manufacturas de fundición de hierro o acero (366,2 millones de euros) y las maquinarias y otros aparatos eléctricos (294,2 millones de euros). Esto indica que, a diferencia de España, las principales exportaciones de Corea no radican en los productos agroalimentarios, sino en los industriales.

Tabla 5

IMPORTACIONES POR CAPÍTULOS ARANCELARIOS (TARIC). FUENTE ESPAÑOLA					
Datos en millones de EUR					
	2018	2019	2020	2021	2022
87 Vehículos automóviles, tractores	1.130,20	1.063,20	746,1	889,4	1.142,70
39 Materias plásticas y sus manufacturas	307,1	306,7	249	325,2	404,8
72 Fundición, hierro y acero	296,3	209,6	191,2	196	366,2
85 Máquinas y aparatos eléctricos	189,5	215,1	163,5	191,8	294,2
29 Productos químicos orgánicos	243,5	211,1	176,9	134,1	279,9
27 Combustibles, aceites y minerales	79	38,2	1,3	1,4	267,9
84 Máquinas y aparatos mecánicos	257,9	229,3	189,4	209	249
38 Otros productos químicos	22,1	26,1	141,7	85,2	185,5
76 Aluminio y sus manufacturas	20,9	68,4	65,8	90,9	140,54
40 Caucho y sus manufacturas	110,4	108,6	67,2	82	99,2
IMPORTACIÓN TOTAL EN ESPAÑA DESDE COREA	3.131	3.123	2.401	2.748	3.933
Fuente: ICEX, Análisis del Comercio Exterior Español					

Fuente: ICEX, 2023a, p. 50

Servicios

A pesar de que el presente trabajo no se centra en los servicios, sí que es importante resaltar que, para España, un país turístico, Corea fue en 2021 el quinto cliente por ingresos por servicios exportados a Asia, por detrás de China, Japón, Singapur e India, con una cifra de 191 millones de euros; un valor muy inferior a 2019 (608 millones de euros). Además, dentro del sector de los servicios puede haber muchas actividades apoyadas y desarrolladas gracias a la tecnología.

Así pues, se puede deducir que el impacto del COVID-19 ha sido muy fuerte: la reducción se explica a través de la caída en la entrada en turistas coreanos en España, que es el origen de casi todos los ingresos por servicios. Además, el incremento de turistas coreanos antes de la pandemia en España había sido constante, positivo y rápido: siendo Corea el tercer emisor asiático de turistas que llegaban a España. En 2019 llegaron 630.797 surcoreanos a España (gastando un total de 601 millones de euros), pero en 2021 solo fueron 37.621. Por otro lado, es relevante mencionar que el flujo español a Corea del Sur es significativamente pequeño, aunque no inexistente. Además, durante la pandemia la República de Corea no cerró las fronteras a los estudiantes internacionales que habían sido aceptados a universidades surcoreanas, aunque sí que endurecieron considerablemente las condiciones de acceso al país.

Inversiones de las empresas surcoreanas en España

Desde sus inicios, la inversión entre España y Corea del Sur ha seguido creciendo de manera constante anualmente hasta el año 2006, justo dos años antes de que empezara la crisis financiera mundial. A pesar de la recesión económica, el crecimiento económico de España del 3% que se mantuvo des del año 2015 hasta 2017, junto a la ralentización económica del país asiático, fueron dos factores que indujeron a más empresas surcoreanas a invertir en España. Lyu Jaewon, exdirector general de KOTRA Madrid, resume esta situación sobre las inversiones de ambos países hasta el 2018, explicación que queda reflejada en la siguiente cita y en el Gráfico 4:

> "A finales de 2018, el importe total de inversiones acumulado entre ambos países fue de 3.270 millones de dólares estadounidenses, consiguiendo un crecimiento notable a lo largo de 20 años desde la inversión a toda escala y en su forma completa realizada en 1999. España es actualmente el décimo país del continente europeo que más ha invertido en Corea, con un volumen total de 432,179 millones de dólares acumulado hasta 2018. Por otra parte, la inversión de Corea en España fue de 1.091 millones de dólares, lo que la convierte en el 12º país europeo con más inversiones" (Lyu, 2020, p. 82).

Gráfico 4

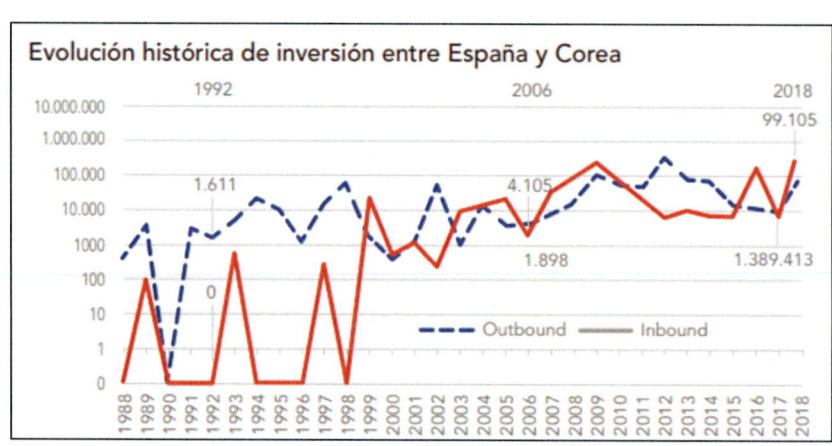

Fuente: Lyu, 2020, p. 82

A día de hoy, según el informe económico y comercial de ICEX (2023a, p. 51), la inversión proveniente de Corea en España generalmente proviene de empresas pertenecientes a los *chaebol*, como Hanwha, Hyundai, Samsung Electronics y SK. Estas empresas tienen una presencia significativa en sectores como la distribución comercial, la industria química y la ingeniería civil. Tal y como se puede apreciar en la Tabla 6, en 2019 la inversión bruta alcanzó los 144 millones de euros, pero en 2020 se redujo a 82 millones de euros. En 2021, la inversión bruta de Corea en España disminuyó aún más, llegando a 34.1 millones de euros, aunque en los últimos meses se ha observado un pujante interés por parte de las compañías coreanas en ampliar y diversificar sus inversiones en España.

Por otro lado, en cuanto a la inversión española en Corea, esta es más limitada y tiene una tradición mucho menos establecida. El origen de estas inversiones se encuentra en un amplio número de empresas que se centran en el sector inmobiliario como INDITEX, y en el sector automovilístico con las multinacionales GESTAMP, APPLUS+IDIADA, el grupo Antolín, PREMO y FICOSA. En los últimos años, el flujo de inversión española en la República de Corea ha sido bajo. En los últimos cuatro años su valor no ha llegado a superar los 3 millones de euros.

Tabla 6

FLUJO DE INVERSIÓN COREANA EN ESPAÑA					
Datos en millones de EUR					
	2018	2019	2020	2021	2022*
INVERSIÓN BRUTA	99,1	143,5	82,2	34,1	8
INVERSIÓN NETA	99,1	143,5	82,2	-9,2	8
INVERSIÓN (NO ETVE) BRUTA POR SECTORES					
Ingeniería civil	0	116	71,3	5,8	0
Actividades inmobiliarias	38,8	24,8	0	9	0
Comercio al por mayor, excepto vehículos de motor	0,4	1,2	5	0	3,2
Servicios de información	50,8	0	5,9	0	0
Transporte terrestre y por tubería	0	0	0	0	0
Actividades administrativas de oficina	0	0	0	0	0
Construcción de edificios	0	0	0	0	0
Fabricación de maquinaria y equipos	6	0	0	0	0,6
Programación, consultoría, actividades informáticas	0	0	0	17,4	2,37
Almacenamiento y actividades anexas al transporte	0	0	0	1,7	0
Otras industrias manufactureras	0	0	0	0,3	1,82
Fuente: Subdirección General de Inversiones Exteriores (Registro de Inversiones) *enero - septiembre					

Fuente: ICEX, 2023a, pp. 52-53

Respecto al futuro de las inversiones coreanas en España, las previsiones son optimistas. Según Park Hee-Kwon, embajador de Corea del Sur en España, se prevé que la inversión de las empresas surcoreanas aumente en los próximos años, sobre todo en los sectores como la automoción, la electrónica, el transporte y logística porque España es un punto geográfico estratégico que puede conectar Europa con África y, consecuentemente, el mundo árabe. Asimismo, el Embajador Park también considera factible que "la presencia de compañías españolas en Corea del Sur va a crecer, aunque paulatinamente" (Cámara de Comercio España-Corea, s.f.)

1.2.1. Acuerdos entre el Reino de España y la República de Corea

El Reino de España y la República de Corea llevan desde la década de 1970 manteniendo relaciones diplomáticas por medio de tratados y convenios internacionales, incluso mucho antes de que las relaciones entre la UE y la ROK se consolidasen. La siguiente lista describe brevemente algunos de los acuerdos formales en materia tecnológica y económica:

i. Acuerdo para la promoción y protección recíprocas de inversiones entre el Reino de España y la República de Corea, 1994. Este acuerdo tiene como objetivo fomentar y proteger las inversiones realizadas por los inversionistas de ambos países en el territorio de la contraparte. El acuerdo establece disposiciones para la promoción y protección de las inversiones, incluyendo la garantía de un trato justo y equitativo, la protección contra expropiación o medidas similares sin compensación adecuada, la libre transferencia de pagos relacionados con las inversiones y la resolución de disputas entre las partes. Mediante este acuerdo, se busca crear un entorno favorable para las inversiones y fortalecer la cooperación económica entre España y Corea, al proporcionar un marco legal y normativo que brinda seguridad y confianza a los inversores de ambos países.

ii. Acuerdo para reforzar la colaboración tecnológica en el ámbito de la energía entre el Reino de España y la República de Corea, 2021. El propósito de este pacto es el de llevar al siguiente nivel la competitividad de las compañías de ambos estados mediante de la investigación industrial y el desarrollo tecnológico en el campo de las energías. Este acuerdo se llevó a cabo dentro del marco en el que se desarrolla el Programa Bilateral KSEI (Korea & Spain Energy Innovating Program). El primer acuerdo de esta naturaleza se suscribió en 1996 entre el entonces Ministerio de Industria y Energía de España y el Ministerio de Comercio, Industria y Energía (MOTIE) de Corea. Posteriormente, en 2015, se renovó este primer acuerdo y se firmó un segundo acuerdo entre el Ministerio de Economía y Competitividad de España y el Ministerio de Ciencia y Tecnología de la Información (MSIT) de Corea (Ministerio de Ciencia e Innovación, 2021).

iii. Acuerdo entre el Reino de España y la República de Corea sobre cooperación y asistencia mutua en materia aduanera, 2021. Este acuerdo fue firmado por ambas partes entendiendo las aduanas como un factor perjudiciales para sus intereses económicos, tributarios y sociales, así como para los intereses comerciales legítimos. Con el objetivo de promover la eficiencia y seguridad en el intercambio de mercancías, las autoridades aduaneras de ambos estados acuerdan brindarse asistencia mutua en materia aduanera. Esta colaboración tiene como finalidad facilitar el flujo adecuado de mercancías legales y garantizar el cumplimiento adecuado de las leyes aduaneras, así como prevenir, investigar y combatir cualquier infracción relacionada con la aduana. Además, se busca asegurar la seguridad y agilidad en la cadena logística a nivel internacional.

1.2.2. Instituciones relevantes que promueven las relaciones entre España y Corea del Sur

Las instituciones más relevantes que promueven la posición española en Corea del Sur son: el Ministerio de Asuntos Exteriores, Unión Europa y Cooperación (concretamente la Subdirección General de Asia Oriental y Meridional), la Cámara de Comercio de España en Corea del Sur, Casa Asia, ICEX, el CDTI y el Club de Exportadores e Inversores. La institución principal que promueve las inversiones surcoreanas en España es KOTRA.

Ministerio de Asuntos Exteriores de España

España dispone de representación diplomática en la República de Corea. La Embajada de España en Seúl es la encargada de llevar a cabo las funciones y actividades del Ministerio en el país. El Ministerio de Asuntos Exteriores, Unión Europea y Cooperación de España tiene una Subdirección General enfocada en Asia Oriental y Meridional que se encarga de una amplia gama de países: desde Corea del Sur hasta Afganistán. De hecho, según el ex Embajador de España en Vietnam y Corea del Sur, "Asia sigue siendo una asignatura pendiente en el siglo XXI para Espala", a nivel de Administración Pública "la red de embajadas en Asia no se ha completado" y el "área de Asia-Pacífico está integrada en una que abarca además Norteamérica y Europa Oriental. Esto resulta incomprensible" (Club de Exportadores e Inversores, 2022). Dicha posición coincide con la del Embajador Emilio de Miguel (entrevista personal, 11 de mayo de 2023), quién sostiene que Asia merece su propia área dentro del MAEC.

Cámara de Comercio de España en Corea del Sur

La Cámara de Comercio de España en Corea del Sur es una organización empresarial que tiene como objetivo promover y facilitar las relaciones comerciales, económicas y empresariales entre España y Corea del Sur. La cámara actúa como una plataforma para fomentar el intercambio de información, conocimientos y experiencias entre las empresas españolas y coreanas, así como para proporcionar servicios de apoyo y asesoramiento a sus miembros. También participa activamente en la promoción de la imagen de España en Corea del Sur y en el impulso de la cooperación en áreas estratégicas como la innovación, la tecnología y el desarrollo empresarial. El actual presidente de la Cámara de Comercio de España en Corea del Sur es Enrique Viladeplana (entrevista personal, 24 de abril de 2023).

ACCIÓ Generalitat

La Agencia para la Competitividad de la Empresa de la Generalitat de Cataluña posee 40 Oficinas Exteriores de Comercio e Inversión en diferentes países, dando soporte a más de 110 mercados. No obstante, y a diferencia de ICEX, en la actualidad ACCIÓ no promueve ninguna plaza vacante para los jóvenes españoles con intención de mejorar su futuro profesional en la oficina de comercio exterior catalana en Seúl. No obstante, se desconoce si dichas plazas ya han sido ocupadas por becarios españoles. La exdirectora de ACCIÓ en Seúl, Jang Mi Baek, entrevistada para esta investigación (12 de abril de 2023) enfatiza el importante papel de Barcelona como centro turístico y comercial en las relaciones bilaterales entre España y Corea del Sur.

Casa Asia

Casa Asia es una institución dedicada a promover el conocimiento y el entendimiento entre España y los países de Asia, incluyendo Corea. Tiene como objetivo fomentar el diálogo y la cooperación en áreas como la cultura, la economía, la política, la educación y la sociedad. En el caso de las relaciones entre España y Corea, Casa Asia lleva a cabo diversas actividades y programas para fortalecer los lazos bilaterales, aunque no siempre focalizados en el comercio. Por ejemplo, en 2021 el Departamento de Exposiciones y Cultura de Casa Asia realizó la exposición "Catorce relatos breves" de Arte Contemporáneo surcoreano en Madrid, intentando aproximar las dos sociedades y culturas.

ICEX España Exportación e Inversiones

ICEX (Instituto Español de Comercio Exterior) es una entidad pública empresarial de España que tiene como objetivo promover la internacionalización de las empresas españolas y fomentar las exportaciones e inversiones en el exterior. En el caso de Corea del Sur, ICEX desempeña diversas funciones para apoyar a las empresas españolas interesadas en el mercado coreano. A continuación, se expone una lista de sus funciones principales en relación con la República de Corea:

i. Información y asesoramiento: proporciona información actualizada sobre el mercado coreano, incluyendo datos económicos, oportunidades comerciales, normativas y requisitos de importación, entre otros aspectos relevantes (como el estudio anteriormente citado sobre los intercambios comerciales). Además, ofrece asesoramiento personalizado a las empresas españolas interesadas en entrar en el mercado coreano.

ii. Promoción comercial: organiza y participa en ferias, eventos y misiones comerciales en Corea del Sur, con el objetivo de promover los productos y servicios españoles en el mercado coreano. También facilita la participación de empresas españolas en exposiciones y encuentros comerciales en Corea cooperando con la Cámara de Comercio de España en el país.

iii. Apoyo a la internacionalización: ofrece servicios de apoyo a la internacionalización de las empresas españolas, como la identificación de socios comerciales, el asesoramiento en estrategias de entrada al mercado coreano y la organización de agendas de negocios y encuentros con potenciales clientes o socios en Corea.

iv. Formación y capacitación: ofrece programas de formación y capacitación específicos sobre el mercado coreano, brindando a las empresas españolas los conocimientos necesarios para operar con éxito en Corea del Sur. Asimismo, forma a los jóvenes a través de las Becas ICEX o ICEX Vives y les otorga la oportunidad de trabajar en el país.

Club de Exportadores e Inversores

El Club de Exportadores e Inversores de España, fundado en 1997, es una asociación empresarial de carácter multisectorial, sin ánimo de lucro, que tiene como principal objetivo representar los intereses de sus socios en la actividad internacional. Asimismo, posee un grupo de trabajo enfocado en el Asia-Pacífico, coordinado por Ramón Gascón, también entrevistado para esta investigación (19 de mayo de 2023).

KOTRA

"Korea Trade-Investment Promotion Agency" (KOTRA) es una agencia gubernamental de Corea del Sur encargada de promover el comercio y la inversión entre Corea y otros países. KOTRA, organismo equivalente a ICEX, tiene una presencia global y cuenta con una oficina en España, denominada KOTRA Madrid, en el Paseo de la Castellana número 95. Las funciones de KOTRA España en relación a las relaciones comerciales entre España y Corea del Sur son, principalmente, la promoción del comercio bilateral entre España y Corea del Sur. Esto implica facilitar el intercambio de información comercial, identificar oportunidades de negocio y establecer contactos entre empresas españolas y coreanas; la asistencia a empresas españolas interesadas en ingresar al mercado coreano o expandir sus operaciones en Corea del Sur. El Subdirector de KOTRA, Jerónimo Gracián, recomienda a las empresas españolas a participar en los programas bilaterales España-Corea del CDTI con el fin de que coordinen con el organismo homologo coreano KIAT y enfatiza que "esta opción es muy recomendable para empresas en el sector de las TIC, con necesidades de I+D" e incluso para penetrar en los mercados asiáticos a través de Corea (entrevista personal, 27 de marzo de 2023).

II. El modelo tecnológico de la República de Corea

El segundo capítulo de esta investigación analiza el modelo tecnológico de Corea del Sur y establece sus características principales realizando un breve recorrido histórico en el que se explica el milagro del Río Han, la expansión de los *chaebol* (los grandes conglomerados surcoreanos) en terceros mercados y la inversión actual de las empresas surcoreanas internacionales a España (como Samsung, LG y Hyundai). Una vez establecido el marco histórico que narra el progreso, en unas décadas, del país asiático como uno de los países más pobres del mundo a convertirse en uno de los pioneros tecnológicos, se analizan las lecciones que los países occidentales y europeos como España podrían aprender de las características extraídas de la experiencia tecnológica de Corea del Sur. En esta última parte se reflejan las voces de los entrevistados para el presente trabajo, que sostienen de manera bastante unánime que uno de los factores que podría explicar el éxito de la República de Corea en el desarrollo tecnológico es la compenetración entre la Administración Pública, la empresa privada y la educación (de nivel superior), hecho que reafirmaría la hipótesis del segundo capítulo anteriormente establecida en la introducción.

2.1. Análisis del modelo tecnológico de Corea del Sur

En este primer apartado se sostiene que algunas de las características más notables del modelo tecnológico surcoreano son, precisamente, el surgimiento y establecimiento de los grandes conglomerados (*chaebol*) que propiciaron el milagro del Río Han, el desarrollo del sector TIC, que establecieron las bases del modelo tecnológico surcoreano actual; el eficaz uso del poder blando que facilitó (y sigue facilitando) la integración de las empresas surcoreanas en terceros mercados y la reciente apuesta de Corea del Sur en invertir en proyectos PYME o Startups para incentivar la cultura emprendedora y así expandirse en otros mercados, como podría ser el español u europeo. Todas estas características contribuyen en el éxito de la triangulación entre los tres ámbitos anteriormente mencionados.

2.1.1. El milagro del Río Han: el surgimiento de los chaebol y la influencia del modelo industrial japonés

Numerosos expertos coinciden con el hecho de que Corea del Sur puede ser definido como un exitoso caso de convergencia económica (Rosales, 2021, p. 1247), sobre todo si se tiene en cuenta que después de la guerra de Corea, el país era uno de los más pobres del mundo y en pocos años se convirtió en uno de los cuatro tigres asiáticos. Este proceso es comúnmente conocido como "el milagro del Río Han". En 1960 la ROK tenía un PIB per cápita de 932 USD y en 1996 había alcanzado los 13.000 USD (Cavieres, 2022, p. 8). Así pues, la República de Corea pasó de ser uno de los principales receptores de ayuda para el desarrollo, a un potente emisor de ayuda económica hacia otros países (Lee, 2021, p. 65), entrando en la Organización para la Cooperación y el Desarrollo Económico (OCDE) en 1996, tras tres décadas de un impresionante crecimiento económico. Es decir, que entre 1965 y 2005 la tasa de crecimiento anual era de 8,1% (Rosales, 2021, p. 1251). De hecho, tal y como queda reflejado en el Gráfico 5, el PIB per cápita de Corea del Sur ha convergido hacia la media de la OECD, llegando incluso a superarla en los años más recientes (Koen et. al., 2021).

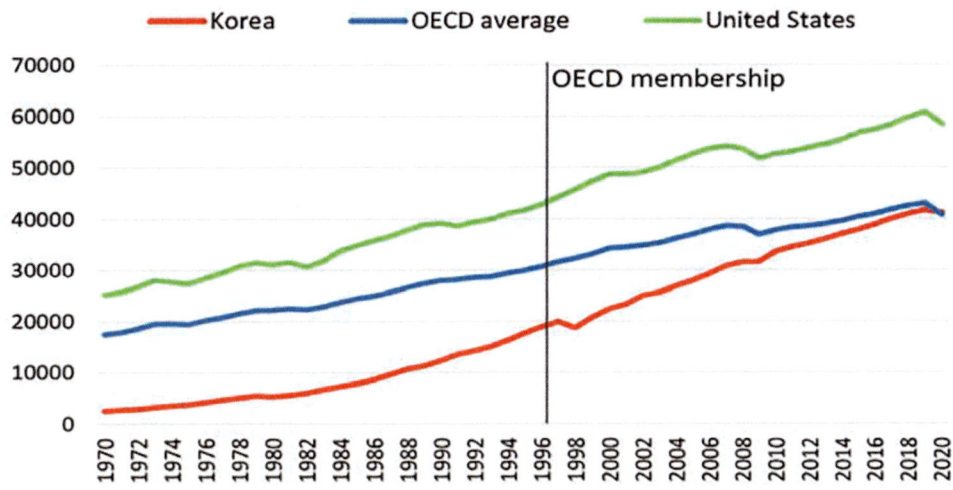

Gráfico 5. El PIB per cápita de la ROK ha convergido hacia la media de la OCDE
Precios constantes de 1995 y asociaciones público-privadas

Fuente: Koen et. al., 2021

Las grandes compañías conocidas en la República de Corea como *chaebol* son conglomerados empresariales que juegan un papel determinante en la economía del país (Kim, 2022, p. 97). Estas empresas son conocidas por su estructura jerárquica y de procedencia familiar que contienen múltiples empresas subsidiarias en una amplia gama de industrias. El término *chaebol* deriva de la palabra en coreano "chae" (riqueza) y "bol" (clan). Tal y como el nombre indica, dichas compañías suelen ser propiedad de una sola familia o grupo de familias relacionadas entre sí que las dirige y lidera. Algunos de los ejemplos más conocidos de los *chaebol* son: Samsung Electronics, Hyundai Motor Group, LG, SK Group y Lotte Group. La relevancia de estas empresas en la economía del país es crucial, ya que solo Samsung genera el 20% del producto nacional bruto en Corea del Sur (Casa Asia, 2023); aunque otros autores (Pacheco, entrevista personal, 30 de marzo de 2023) también sostienen que los *chabeol* no son absolutamente necesarios para que se de crecimiento económico.

La década de 1960

En 1962, tras el golpe de estado del general Park Chung-hee de 1961, se estableció el Plan Quinquenal, que tenía como principal objetivo promover las exportaciones de manufacturas y crear una Corea predominantemente industrial, sin que el país dependiera de la agricultura. Este interés se debe, en gran medida, a la influencia japonesa que el Imperio nipón había dejado en la península coreana durante la colonización: la pequeña base industrial que Japón había creado en Corea se encontraba en el norte –en aquel entonces ya independiente del Sur– porque era dónde mejor funcionaba el poder hidroeléctrico (Boestel et al., 2013). Por ende, tras la colonización japonesa en 1945 y la Guerra de Corea en 1953, la economía del país se sustentaba en la agricultura, y el PIB per cápita coreano era un 40% inferior al de la India (Rosales, 2021, p.1251). La influencia japonesa también perduró durante el periodo en el que se dio el gran proceso de industrialización de Corea, entre 1961 y 1972, ya que el país se decantó por la potenciación de pocos, pero grandes conglomerados surcoreanos que se parecían a las grandes empresas japonesas, los *zaibatsu* (Brañas i Espiñeira, 2002, p. 58; Ramírez Bonilla, entrevista personal, 8 de mayo de 2023). No obstante, aunque Corea siguió las pautas del modelo japonés, las adaptó a su propia cultura empresarial y social (Brañas i Espiñeira, 2002, p. 84) y en la década de 1980 aprendió rápidamente de la situación de estancamiento económico de su vecino (Ramírez Bonilla, entrevista personal, 8 de mayo de 2023) y aprendió de sus errores.

En esta primera etapa de industrialización del país ya se puede percibir la relevancia de los *chaebol,* que recibieron el apoyo financiero y la protección del Gobierno. El estado prefirió potenciar unas pocas, pero potentes empresas y que estas se expandieran rápidamente para convertirse en actores dominantes en la economía surcoreana (Kim, 2017, p. 2). Asimismo, la educación y la profesión académica, ya importantes antes y durante la colonización japonesa, siguió siendo extremadamente valorada en Corea del Sur (Brañas i Espiñeira, 2002, p. 92).

Curiosamente, no fue el gasto en educación lo que hizo que el mundo académico fuese (y siga siendo) tan preciado en Corea del Sur, ya que entre 1961 y 1980 el gasto privado en educación no superó el 1% del gasto público per cápita y entre 1962 y 1995 el gasto público en educación no fue sustancialmente mayor que el de otros países durante el mismo tiempo (Cavieres, 2022, p. 43). No obstante, su inversión fue eficiente y efectiva porque el Gobierno surcoreano invirtió el 92% de los créditos y préstamos adquiridos del Banco Mundial en educación (Cavieres, 2022, p. 45). Además, aunque su gasto no fuera mayor que el de otros estados, según Ramírez Bonilla (entrevista personal, 8 de mayo de 2023), buena parte del esfuerzo surcoreano en la educación fue para generar una población muy bien formada en el ámbito de las telecomunicaciones y la ingeniería. Es decir, que se dio un giro rápido en la orientación del gasto público: se dejó atrás el interés por las humanidades y se facilitó la matriculación en instituciones de nivel medio y superior focalizados en las áreas científico-tecnológicas.

El éxito de la obsesión surcoreana por la educación, actualmente conocida como "Education Fever", se plasma en el paso de tener en 1940 un 78% de la población de 12 años completamente analfabeta a cubrir en 1959 el 96% de escolarización infantil (Rosales, 2021, p. 1252). Tal y como queda reflejado en el Gráfico 6 (Brañas i Espiñeira, 2002, p. 69), la contribución del factor tecnológico en el crecimiento económico surcoreano entre 1963 y 1972 fue mayor que entre 1972-82 y 1982-92, pero siempre fue el tercer factor en contribución del crecimiento del PNB, siendo el factor trabajo y el factor capital más importantes. No obstante, llegados a este punto, es importante reafirmar que el constante crecimiento que experimentó la ROK se debe a que el estado, a parte de intervenir en la economía, disponía del respaldo de los grandes conglomerados, que seguían las necesidades del Gobierno (Ramírez Bonilla, entrevista personal, 8 de mayo de 2023) y generaban una rica sinergia entre la oferta y la demanda en el mercado laboral (Cavieres, 2022, p. 63).

Gráfico 6

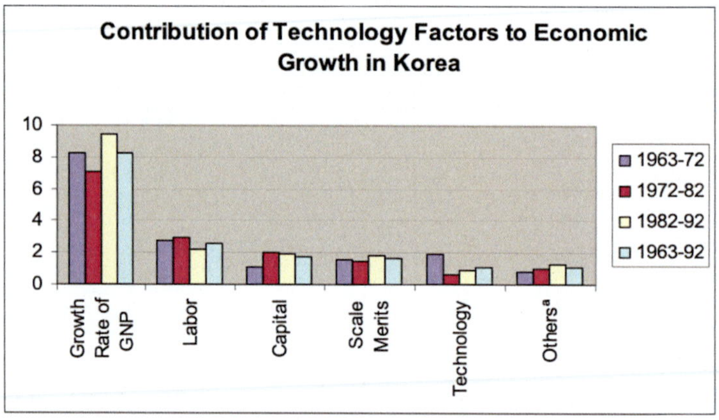

Fuente: Brañas i Espiñeira, 2002, p. 69

La década de 1970

Durante la década de 1970, concretamente en 1972, se dio el inicio de la promoción de la ciencia y la tecnología: fue el momento en que la industria pesada y química empezaron a sustentar el país, mientras que la mayoría de exportaciones (47%) se dirigían a Estados Unidos (Rosales, 2021, p.1254). Vemos, por lo tanto, como la industria y el sector tecnológico siempre fueron los objetivos de la política económica surcoreana. Esto queda sustentado con el hecho de que, durante los primeros años de 1970, la participación de las empresas estatales representaba hasta el 10% del PNB (Brañas i Espiñeira, 2002, p. 126). La crisis del petróleo en 1973 también repercutió negativamente a Corea del Sur, pero posteriormente, en 1976, cuando el país alcanzó y superó a Corea del Norte, el Gobierno decidió apostar por el pragmatismo (Brañas i Espiñeira, 2007, p. 364) porque durante este primer período los *chaebol* no habían sido capaces de acumular capital (Kim, 2022, p. 101). No obstante, las exportaciones del país, que en 1960 solo habían ascendido a 32,82 millones de dólares, en 1977 superaron los 10.000 millones de dólares (Korea.net, s.f.).

Los años 80

En 1979 el general Park fue asesinado, hecho que generó inestabilidad tanto económica como política en 1980. Tal y como queda reflejado en el Gráfico 7, en 1980 hubo una gran caída en la tasa de crecimiento del PIB en % (Banco Mundial, s.f.). La inestabilidad se resolvió rápidamente cuando en 1981 Seúl fue elegida para los Juegos Olímpico de 1988 (Brañas i Espiñeira, 2002, p. 67; Korea.net, s.f.), momento en el que el país empezó a apostar por su imagen tanto interior como exterior y fue considerado como un país semi-avanzado.

A diferencia de otros países asiáticos, los surcoreanos aprendieron muy rápido de los problemas estructurales que Japón ya tenía en los años 80. Japón ya no podían asumir más inversiones productivas porque su población decrecía y no podía seguir expandiendo la economía doméstica de modo permanente (Ramírez Bonilla, entrevista personal, 8 de mayo de 2023). De hecho, durante los 5 primeros años de la década de 1980, los bancos internacionales se multiplicaron por cuatro, las inversiones por casi seis (Brañas i Espiñeira, 2002, p. 68) y entre 1987 y 1989 hubo aumentos salariales del 25-35% (Brañas i Espiñeira, 2002, p. 364).

Gráfico 7 . Crecimiento PIB (% anual)

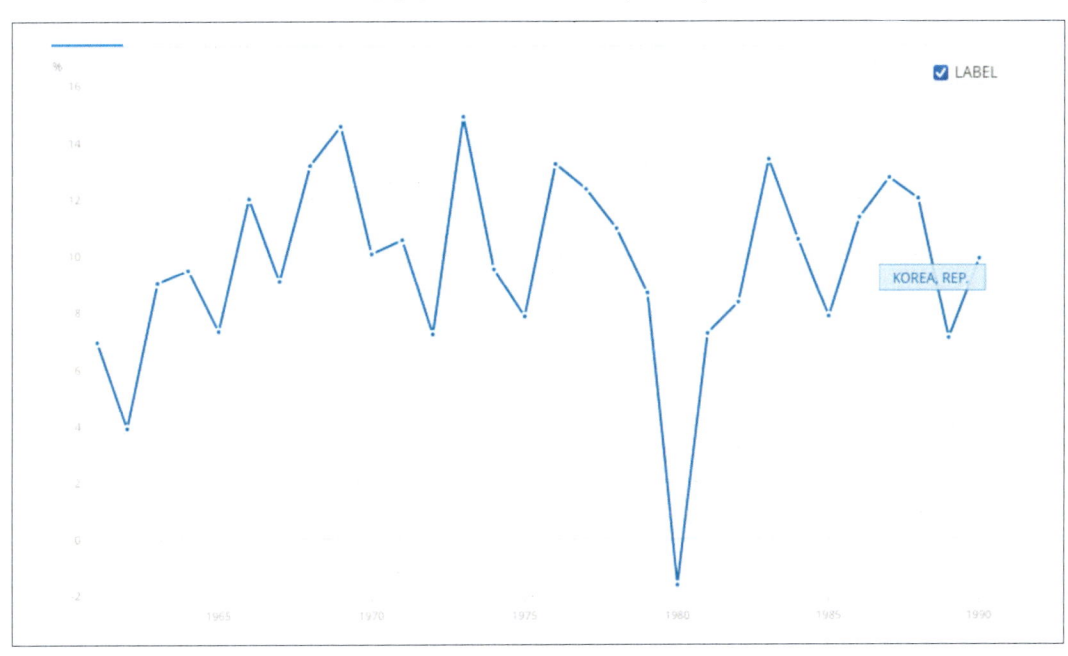

Fuente: Banco Mundial, s.f.

Así pues, según Brañas i Espiñeira (2007, p. 360), el milagro económico de Corea del Sur se puede explicar a través de la eficiencia de la administración pública, los líderes empresariales interesados en el tamaño de la empresa, la alta valoración por parte de la población surcoreana de la educación, unos planes económicos quinquenales muy coercitivos y una grandiosa capacidad de exportar y adaptar la tecnología a las necesidades del mercado. No obstante, a todo esto, se le tendría que añadir un factor humano y social, no económico, que explicaría por qué Corea del Sur triunfó con este modelo y otros países no. Es vital hacer hincapié a la brutal cultura del esfuerzo del país, donde a día de hoy se sigue luchando por no incrementar la jornada laboral de 52 horas semanales (más de 10 horas al día) a 69 (más de 13 horas diarias), tal y como desearía hacer el actual presidente Yoon Suk-yeol (McCurry, 2023).

Por ende, todas estas características del modelo tecnológico surcoreano coinciden con las establecidas al principio del segundo capítulo: el surgimiento y establecimiento de los grandes conglomerados (*chaebol*) que propiciaron el éxito del milagro del Río Han, así como también el desarrollo del sector TIC y la base de la "triangulación" entre Gobierno, empresa privada y educación superior –aunque esto se explica con mayor profundidad en el segundo apartado de este capítulo–.

2.1.2. El éxito del soft-power surcoreano: la expansión de los chaebol en terceros mercados

En primer lugar, es importante dejar clara la definición del poder blando, un concepto acuñado por el politólogo Joseph Nye:

> "Hablamos de la capacidad de obtener lo que se desea a través de la atracción en vez de la coerción o los pagos. Surge del atractivo de la cultura de un país, sus ideales políticos y sus políticas. Cuando nuestras políticas son aceptadas ante los ojos de los demás nuestro poder blando aumenta" (Nye, 2004, p. 31).

En el caso de Corea del Sur, su poder blando se ha fortalecido en las últimas décadas gracias al éxito de su industria del entretenimiento, como la música K-pop y los dramas coreanos (K-dramas), así como por su tecnología innovadora, moda, cine y gastronomía. Estos elementos han contribuido a la creación de una imagen positiva y atractiva de Corea del Sur en el escenario mundial, lo que a su vez ha mejorado en su influencia y capacidad de persuasión en diferentes ámbitos. "Hallyu" es el término que se utiliza para describir la ola de popularidad de la cultura surcoreana en el extranjero, que empezó a gestarse hace ya más de veinte años. El incremento de la popularidad de todos estos componentes de la cultura coreana también supuso una salida a los problemas económicos surgidos en países de todo el continente asiático a raíz de la crisis financiera asiática originada por la devaluación del *bath* tailandés en julio de 1997, pero que en cuestión de semanas se expandió hacía economías emergentes del momento como Hong Kong, Taiwán y Corea del Sur:

> "Durante la década de 1990, este fenómeno surgió de forma progresiva y empezó a crear un público peculiar. El inesperado éxito de algunos de sus representantes en el continente asiático llevó al gobierno surcoreano a utilizarlo como contramedida para paliar los daños por la crisis financiera de 1997, fenómeno que instigó al gobierno coreano a invertir en la industria del entretenimiento" (Santos y Marques, 2022, p.4).

Algunos académicos (Kim, 2015; Pina, 2020; Shin, 2012) han considerado oportuno dividir el fenómeno de la Ola "Hallyu" en tres fases distintas desde su nacimiento. El momento inicial de dicha ola está basado en la exportación del contenido cultural como bandas musicales de jóvenes. Por ejemplo, la banda "Girls Generation", un grupo musical de chicas jóvenes fundado el año 2007, que fue específicamente diseñado para resultar atractivo al público general global y, a su vez, sin diferir demasiado con las demandas de la sociedad coreana. Para conquistar el primer mercado al que iba dirigido este producto:

> "Se empezó a considerar necesario traer a compositores, productores o coreógrafos extranjeros, los tipos de acordes que usar en sus canciones para ser atractivo en una determinada cultura, como deben maquillarse a los artistas e incluso los ángulos de cámara que se deben usar en sus videoclips para hacerles más comerciales para el público extranjero, pero también para el coreano" (Pina, 2020, p. 21).

La segunda fase de esta ola enfocó sus esfuerzos en la interacción y colaboración con artistas no coreanos del panorama mundial musical (principalmente angloparlantes) así como empresas discográficas de Estados Unidos y Europa. También se llegó a la integración de miembros extranjeros en estos grupos musicales coreanos.

> "Esto lo podemos ver en grupos como BTS quienes ya han realizado colaboraciones con artistas como Steve Aoki, Halsey, The Chainsmokers, Ed Sheeran o Desiigner. Mientras que otros grupos como Super Junior se han acercado más al mercado latino haciendo colaboraciones con artistas como Leslie Grace o Reik o incluso sacando su propia versión en español del *sencillo* de Luis Miguel" (Pina, 2020, p. 22).

En último lugar, la tercera ola entendió la popularización de las redes sociales como Tik Tok, YouTube o Instagram y las utilizó como una herramienta de expansión e influencia para crear nuevas y constantes tendencias relacionadas con fenómenos originalmente coreanos como el K-Style, K-Culture o incluso el propio idioma coreano. Es decir, que lo que empezó con el K-pop y el K-drama, a día de hoy se utiliza como una herramienta para dar a conocer y entender el país (Espluga, entrevista personal, 4 de abril de 2023). El objetivo de esta tercera ola era no solo Asia o América, como en las dos olas anteriores, sino alcanzar todo el mundo. A continuación, en la Tabla 7 se ofrece un resumen explicativo de las tres olas coreanas que sintetiza dicho fenómeno:

Tabla 7

The Past, Present and Future of *Hallyu*			
	Hallyu 1.0	*Hallyu* 2.0	*Hallyu* 3.0
Period	1995~2005	2006~to the present	Foreseeable future
Diffusion Area	Asia (China, Taiwan and Japan)	Asia, North America and Europe	All over the world
Target	Media contents (K-dramas and movies) (Product-oriented)	K-pop idols· (K-stars-oriented)	Genre-diversification (Stars & Creator brand-oriented)
Cases	"What is Love? (1992),"[14]"Winter Sonata (2002), "My Sassy Girl (2001)""Jewel in the Palace (2003-2004)," HOT (band), Boa (singer).	Girls' Generation, Kara, Shinee, 2PM, and Big Bang (band)	
Early Distribution	Overseas Korean society	Online circulation (YouTube)	SNS
Media	Video, CD, spot broad casting	Internet, on-site performance	Cross-media
Durability	From several months to years (Winter Sonata)	For several years (Girls' Generation)	For several decades
Directivity	Turning the eyes of the world upon Korea (Tourist industry-centered)	Overseas expansion and performance	To the world beyond Korea (Regarded as mainstream)

Fuente: Kim, 2015, p. 158

2.2. Lecciones para aprender del sistema tecnológico surcoreano

Tal y como se ha explicado anteriormente, en este segundo apartado del segundo capítulo del trabajo se presentan las lecciones a aprender del sistema tecnológico surcoreano, entre ellas el motivo por el cual el modelo tecnológico surcoreano ha triunfado por encima de otros: el país ha sido capaz de compenetrar las necesidades del Gobierno con las de la empresa privada y la educación superior. Estas lecciones son algunas de las conclusiones que los 11 profesionales han reiterado en las entrevistas y que coinciden con la segunda hipótesis planteada en la introducción.

2.2.1. El éxito surcoreano en la "Triangulación: Gobierno-Empresa Privada-Mundo Académico"

En la primera mitad de este segundo capítulo se ha concluido que las características del modelo industrial y tecnológico de la República de Corea facilitaron el crecimiento y la expansión económica del país. Asimismo, se han establecido las bases históricas en las que ya se podía percibir uno de los principales motivos que justifican el éxito del modelo tecnológico surcoreano: la compenetración entre la Administración Pública, la empresa privada y la educación superior o los diferentes equipos de investigación de las Universidades. La apuesta de la Administración Pública por apoyar al sector privado e incentivar un círculo vicioso entre los equipos de investigación, las empresas y el interés del Gobierno proviene de las décadas de 1960, 70 y 80 (Pacheco, entrevista personal, 30 de marzo de 2023). Es decir, el establecimiento y desarrollo de la "triangulación" tan característica en los países asiáticos (Emilio de Miguel, entrevista personal, 12 de mayo de 2023; Gascón, entrevista personal, 19 de mayo de 2023) y muy presente en Corea del Sur (Postigo, entrevista personal, 26 de febrero de 2023).

A continuación, se presentan los tres subapartados –administración pública, empresa privada y educación superior– que configuran dicha "triangulación".

Administración pública

El Gobierno de la República de Corea es muy consciente de su capacidad geográfica y de los pocos recursos naturales que posee (Baek, entrevista personal, 12 de abril de 2023). Por este motivo, a día de hoy Corea, junto con Israel, es uno de los países del mundo con mayor inversión en I+D (Lee, entrevista personal, 28 de abril de 2023; Pachecho, entrevista personal, 30 de marzo de 2023), alcanzando casi un 4,5% de su PIB (Gracián, entrevista personal, 27 de marzo de 2023). Dicho de otro modo, el sector público de la ROK invierte tanto en I+D como todo lo que invierte España –ya sea el Gobierno o la empresa privada– en este sector; mientras que en Corea del Sur el sector privado invierte hasta tres veces más que el público en investigación y desarrollo: hecho que demuestra que Corea invierte casi cuatro veces más que España en dicho sector (Espluga, entrevista personal, 4 de abril de 2023). En comparación con otros países (Tabla 8), como Japón y Estados Unidos, en 2016 el Gobierno de Corea del Sur invirtió 22,68% de los fondos públicos en I+D, un poco menos que el 25,5% que invirtió los EE. UU. No obstante, en lo que respecta a la proporción de proyectos colaborativos de I+D dirigidos por el gobierno, Corea del Sur invierte mucho más (60,4%) que Japón (12%) y Estados Unidos (20%), consiguiendo así una tasa media anual de crecimiento de la inversión en este sector de 5,5% (Bae y Lee, 2020, p. 4).

Tabla 8

Comparative statistics of national innovation systems.			
	South Korea	Japan	USA
Government funds (% of total R&D) (2016)[a]	22.68%	15.02%	25.50%
The proportion of collaborative R&D projects led by the government2	60.4%	12%	20%
Annual average growth rate of R&D investment (2010-2014)[b]	5.50%	2.92%	2.74%
Dominant purpose of the use of government-led R&D investment4	Economic development (50%)	Promotion of universities (40%)	Health environment (60%)

[a] OECD Main Science and Technology Indicators 2017/2.
[b] OECD Main Science and Technology Indicators 2015/2.

Fuente: Bae y Lee, 2020, p. 4

A nivel ministerial, destacan el Ministerio de Educación, Ciencia y Tecnología, el Ministerio de Economía, el Ministerio de Industria y la reciente implementación de un Ministerio especializado en las PYMEs y Startups, hecho que ejemplifica la importancia que se le concede a este sector (Espluga, entrevista personal, 4 de abril de 2023) al intentar incentivar la cultura emprendedora en el país que, a raíz de la relevancia de los *chaebol*, es bastante precaria (Baek, 2022, p. 59). Es decir, el apalancamiento que se da en el sector privado donde unas pocas empresas con gran poder de capital –se estima que los 64 *chaebol* generan más del 84% del PIB nacional (Baek, 2022, p. 59)– proviene, en cierta medida, de no promover la cultura emprendedora entre los jóvenes. Los surcoreanos desean trabajar por un gran conglomerado o ser funcionarios del estado para tener estabilidad económica en sus vidas privadas. Esto facilita que Corea del Sur tenga una cultura del emprendimiento estancada, aunque irónicamente un elevado índice de innovación.

Curiosamente, a pesar de que gran parte de la inversión surcoreana está destinada a proyectos nacionales y no internacionales, tanto la empresa privada como la Administración Pública se esfuerzan por dar a conocer el potencial de sus proyectos en el extranjero (Espluga, entrevista personal, 4 de abril de 2023), hecho que dificulta la cooperación con diferentes países y, al mismo tiempo, demuestra la eficiencia del poder blando surcoreano. Asimismo, tanto Espluga como el Embajador Emilio de Miguel (entrevista personal, 4 de abril 2023; entrevista personal, 12 de mayo de 2023) coinciden con el hecho de que la administración surcoreana tiene una excelente capacidad de plantificar estrategias a largo plazo que conllevan mucha constancia y muy pocos cambios. Un claro ejemplo es la apuesta fundamentada y acertada que realizó la ROK por los semiconductores y los microchips, consiguiendo que el sector privado y la investigación universitaria contemplase dicho sector como prioritario.

Empresa privada

Según Ramírez Bonilla (entrevista personal, 8 de mayo de 2023) durante la década de 1970 los *chaebol* ya estaban orientados hacia las áreas prioritarias del Gobierno, que en aquellos tiempos eran las TIC. De hecho, asegura que los grandes conglomerados como Samsung y LG consiguieron posicionarse como las empresas dominantes en el país y en el comercio internacional al establecer como prioridad las mismas preferencias que tenía la administración pública. No obstante, dentro de la preferencia por las telecomunicaciones, durante este período "la participación del sector privado en el gasto total en I+D pasó del 32% en 1971 al 80% en 1987", mientras que las inversiones tecnológicas por producto interior aumentaron del 0,84% al 2,68% (Kavurmaci, 2018, p. 57).

La "rigurosa coordinación púbico-privada" (Rosales, 2022, p. 1265) ha estado presente durante el despegue de la economía surcoreana y dicha tradición ha permanecido en la cultura empresarial del país. De hecho, los grandes empresarios del sector privado revisaban conjuntamente los planes de exportación con el presidente, los ministros y el banco central en una Conferencia Mensual de Promoción del Comercio para asociar las metas con los "compromisos precisos de la política comercial, tributaria y crediticia, así como con programas de inversión pública en infraestructura". Esta dinámica sigue presente en la actualidad, ya que los beneficios que genera el I+D se destinan al mantenimiento de infraestructuras de empresas, ya sean de los grandes conglomerados o de las Pymes, que a la vez se ven obligadas en invertir en investigación y desarrollo para cumplir con las altas expectativas del cliente surcoreano (Baek, entrevista personal, 12 de abril de 2023).

Educación

La educación durante la década de 1960, 70, 80 e incluso 90 prendió un rumbo diferente: se dejó atrás la preferencia por el ámbito de las humanidades y tanto las Universidades como la población mostró un interés creciente por lo científico y tecnológico (Ramírez Bonilla, entrevista personal, 8 de mayo de 2023; Rosales, 2021, p. 1253). El número de expertos interesados en la ciencia y la tecnología pasó de 18.500 en 1980 a ocho veces más en el 2000, pasando a más de 160.000 expertos surcoreanos en el sector tecnológico (Kavurmaci, 2018, p. 57).

Evidentemente, este cambio también se vio reforzado por el apoyo del gobierno y de la empresa privada, que ofrecían más puestos laborables y mejor pagados a aquellos expertos especializados en este sector. Esta tendencia ha permanecido incluso a día de hoy, ya que los jóvenes compiten entre sí no sólo por entrar en las tres mejores universidades del país (popularmente conocidas como SKY), sino también por trabajar en uno de los grandes conglomerados, que, a pesar de ser la fuerza económica del país, sólo ocupan el 10% en fuerza laboral (Baek, 2022, p. 58).

Así pues, la estrecha colaboración y la sinergia positiva entre las empresas, el Gobierno y el mundo académico ha permitido a Corea del Sur desarrollar soluciones tecnológicas y promover el crecimiento económico del país (Viladeplana, entrevista personal, 24 de abril de 2023), incluso en los tiempos más recientes como la crisis sanitaria causada por el COVID-19, cuya contención y detección fue más rápida y efectiva que en otros países gracias a la extendida utilización de tecnologías digitales (Rosales, 2022, p. 1261).

2.2.2. Errores que cometen las empresas españolas en la cooperación tecnológica con Corea del Sur

En este último apartado, habiendo pasado por el análisis histórico del crecimiento económico surcoreano junto con las características que sentaron las bases para que la "triangulación" tuviese éxito, se pretende resaltar algunos errores que las empresas españolas cometen al intentar cooperar con una empresa surcoreana, específicamente en el sector tecnológico. A pesar de que la hipótesis del segundo capítulo ya ha quedado confirmada, este apartado también es de gran importancia porque ofrece a las empresas y los estados que no poseen dicha "triangulación" la posibilidad de aprender de sus errores. A continuación, se expone un breve listado con los errores más frecuentes comunes que los 11 profesionales han repetido a lo largo de las entrevistas.

Mentalidad occidental sin vistas al futuro

Uno de los errores más comunes que cometen las empresas españolas en la cooperación tecnológica con Corea del Sur es el hecho de ser incapaz de dejar atrás una "mentalidad imperialista" Occidental e intentar imponer puntos de vista o modos de trabajo que los surcoreanos no comparten (Postigo, entrevista personal, 26 de febrero de 2023; Ramírez Bonilla, entrevista personal, 8 de mayo de 2023). Por ende, no solo es relevante ser capaz de tener una actitud positiva y una mente abierta al cambio, sino también comprender la cultura social y empresarial de otro país.

No tener una estrategia o plan consolidado

La mayoría de expertos coinciden con el hecho de que el error más grave no se debe a que se trate de una cooperación tecnológica con Corea del Sur, sino en no poseer una buena estrategia (Baek, entrevista personal, 12 de abril de 2023; Viladeplana, entrevista personal, 24 de abril de 2023). Dentro de esta estrategia, organizada y bien estructurada, se debe prestar especial atención a los plazos de entrega y el cumplimiento de los compromisos asumidos (Gracián, entrevista personal, 27 de marzo de 2023); es necesario estudiar detenidamente el mercado de Seúl, que está muy avanzado tecnológicamente (Baek, entrevista personal, 12 de abril de 2023), y así ser capaz de localizar los productos que la población demanda (Postigo, entrevista personal, 26 de febrero de 2023); preparase como es debido para la cooperación, tanto a nivel de comprensión cultural, de idioma y como en las regulaciones comerciales (Viladeplana, entrevista personal, 24 de abril de 2023).

Asimismo, cualquier estrategia encaminada en la cooperación empresarial y tecnológica entre España y Corea del Sur no tendría que descuidar el compromiso a largo plazo, ya que la ROK valora positivamente establecer relaciones duraderas con sus socios (Baek, entrevista personal, 12 de abril de 2023; Emilio de Miguel, entrevista personal, 12 de mayo de 2023; Viladeplana, entrevista personal, 24 de abril de 2023).

Falta de personal o personal no experimentado

Asimismo, otro error frecuente entre las empresas españolas a la hora de colaborar o cooperar con una empresa surcoreana especializada en la tecnología es la contratación de personal empleados demasiado joven y poco experimentado. En las culturas asiáticas la edad es relevante (Emilio de Miguel, entrevista personal, 12 de mayo de 2023) porque simboliza la posición que uno posee dentro de la empresa, que normalmente es muy jerárquica (Fanjul, 2010, p. 16). Además, la cultura empresarial surcoreana valora especialmente el contacto personal (Gascón, entrevista personal, 19 de mayo de 2023; Pacheco Pardo, 30 de marzo de 2023), la autoridad dentro de la compañía para tomar decisiones y la presencia física en el país (Baek, entrevista personal, 12 de abril de 2023). Por lo que otro error es la infravaloración de la relevancia del condicionante humano durante la cooperación, algo que se podría relacionar con las barreras culturales que obstaculizan la negociación. Este tema se analiza con mayor profundidad en el siguiente capítulo.

III. Cooperación tecnológica entre España y Corea del Sur

El tercer capítulo del presente trabajo de investigación tiene como principal objetivo demostrar que, a pesar del gran avance que ha supuesto la mejora de las telecomunicaciones en un mundo cada vez más globalizado, las barreras culturales siguen influyendo en la cooperación tecnológica entre España y Corea del Sur. La confirmación de dicha hipótesis se verá reafirmada por la opinión de los 11 expertos entrevistados y apoyada por la información adicional extraída de otras fuentes secundarias. A pesar de que la hipótesis de este capítulo queda resuelta en el primer subapartado, se ha considerado necesario añadir dos secciones extra para recopilar toda la información extraída de los entrevistados. Esto es así porque todos los expertos consultados consideran que la tecnología es, sin duda, "uno de los sectores más interesantes para las empresas españolas que buscan expandirse en el mercado coreano" (Viladeplana Torres, entrevista personal, 24 de abril de 2023).

Así pues, este capítulo está compuesto por tres grandes partes. La primera, que estudia la relevancia de las barreras culturales y otros obstáculos en la cooperación tecnológica entre el Reino de España y la República de Corea; la segunda, que analiza los dos sectores más relevantes dentro de dicha cooperación –la energía renovable y el sector automóvil–; y la tercera, que extrae las recomendaciones y oportunidades que los expertos encomiendan para fomentar la cooperación tecnológica entre ambos países.

3.1. Relevancia de las barreras culturales y otros obstáculos en dicha cooperación tecnológica

Curiosamente, aunque la República de Corea es un país con un alto nivel de apertura de su economía al comercio exterior, al mismo tiempo es un mercado altamente proteccionista cuyas principales barreras que afectan a la exportación española se encuentran en el sector agroalimentario, automóvil, químico, cosmético e incluso electrónico (ICEX, 2023a, p. 47). En la cooperación tecnológica entre España y la ROK se pueden dar las mismas barreras o obstáculos que se pueden encontrar en otros países asiáticos. De hecho, según Viladeplana (entrevista personal, 24 de abril de 2023), "la cooperación entre empresas españolas y coreanas en el sector tecnológico e industrial puede enfrentar diversos obstáculos, tanto culturales como legales y económicos", por lo que este apartado del trabajo pretende definir todas aquellas barreras que influyen en dicha cooperación. No obstante, se presta especial interés en poder afirmar que, entre los diferentes obstáculos, las barreras culturales siguen siendo de gran relevancia en la cooperación tecnológica entre España y Corea del Sur, incluso en un mundo tan globalizado como el actual. Así pues, a continuación, se plasman diferentes apartados que reflejan la importancia de los diferentes obstáculos mencionados a lo largo de las entrevistas.

Las barreras culturales

Entendiendo la cultura como todos los logros de una sociedad que se transmiten de generación en generación, incluyendo las normas, conceptos y términos que definen ciertos comportamientos humanos (Adamczyk, 2017, p.155), no hay motivos para creer que dichas conductas no se verán reflejadas en la negociación o cooperación entre empresas. A pesar de que en la actualidad existe una línea de razonamiento que sostiene que con la globalización y el Internet los aspectos culturales han perdido importancia y que el mundo se está consolidando alrededor de una "cultura internacional de negocios" cada vez más homogénea, no se puede infravalorar el apego de mucha gente por seguir sus pautas culturales (Fanjul, 2010, p. 7). En la cooperación tecnológica entre España y la ROK, este hecho no es una excepción, aunque varios expertos consideran que actualmente los factores culturales no son condicionantes determinantes en dicha cooperación.

Por ejemplo, gracias a la internacionalización de las empresas, es posible creer que las barreras culturales no son limitantes ni tienen un impacto negativo en la cooperación porque las multinacionales en Corea del Sur ya no poseen una plantilla enteramente surcoreana (Pacheco, entrevista personal, 30 de marzo de 2023) y el idioma vehicular de negocios en muchas de ellas es el inglés (Emilio de Miguel, entrevista personal, 12 de mayo de 2023:

Gracián, entrevista personal, 27 de marzo de 2023). Además, cada vez hay más surcoreanos interesados en el idioma español (Espluga, entrevista personal, 4 de abril de 2023), aunque Lee (entrevista personal, 28 de abril de 2023) ya advierte sobre la dificultad en lo que respecta al idioma: "a día de hoy, muchos jóvenes coreanos hablan inglés, pero las personas mayores pueden tener dificultades para comunicarse con extranjeros en inglés y (especialmente) en español". Otros académicos (Ramírez Bonilla, entrevista personal, 8 de mayo de 2023; Torres, entrevista personal, 31 de marzo de 2023) son más optimistas y consideran que hay varios aspectos en las barreras culturales que se pueden mejorar con una breve formación sobre las dinámicas jerárquicas dentro de la empresa, aprendiendo la lengua y el modo de trabajar de los surcoreanos o estableciendo sistemas de trabajo que permitan congeniar el trabajo conjunto. No obstante, lo más general entre los expertos es considerar que uno de los factores más condicionantes en las barreras culturales es el idioma, que puede dificultar la comunicación y, por ende, generar falta de confianza (Postigo, entrevista personal, 26 de febrero de 2023).

Por otro lado, es conveniente señalar que hay otros expertos que consideran que la relevancia de las barreras culturales en la cooperación tecnológica entre estos dos actores está infravalorada, ya que, aunque se tiene en cuenta que la cultura surcoreana está basada en el confucianismo y la española en el judeocristianismo, se pasa por alto que Corea del Sur es un país muy nacionalista (Postigo, entrevista personal, 26 de febrero de 2023) y proteccionista. Asimismo, a pesar de que los surcoreanos son más abiertos que otras culturas asiáticas (Gracián, entrevista personal, 26 de febrero 2023) los diferentes modos de actuar y pensar también están muy presentes en la cultura empresarial surcoreana –ya sea en la planificación o en los tiempos de trabajo–, "lo que puede generar malentendidos o desencuentros en las negociaciones" (Viladeplana Torres, entrevista personal, 24 de abril de 2023).

Desde la perspectiva surcoreana (Lee, entrevista personal, 28 de abril de 2023) hay una evidente tendencia a pensar que Corea del Sur es un país marcado por la rapidez, mientras que Europa y España no. Aunque no es recomendable caer en los estereotipos culturales (Fanjul, 2010, p. 8), lo más cierto es que Corea del Sur da una gran importancia a la jerarquía y la autoridad dentro de la empresa (Baek, entrevista personal, 12 de abril de 2023), mientras que la cultura empresarial española es más informal y horizontal (Viladeplana, entrevista personal, 24 de abril de 2023). Por lo tanto, aunque para las empresas tecnológicas españolas es imprescindible el estudio de los mercados, de los aspectos legales y fiscales, para tener éxito en otro país como Corea del Sur también es imprescindible estudiar cómo actúan las personas con las que se va a tener contacto (Fanjul, 2010, p. 13) para así establecer relaciones personales sólidas antes de llegar a un acuerdo, factor que se valora mucho en Corea (Viladeplana, entrevista personal, 24 de abril de 2023). Además, es conveniente establecer una presencia física en el país es completamente necesario, ya que la cultura empresarial surcoreana se basa, en gran medida, en el contacto personal (Baek, entrevista personal, 12 de abril de 2023; Emillio de Miguel, entrevista personal, 12 de mayo de 2023; Gascón, entrevista personal, 19 de mayo de 2023; Pacheco Pardo, entrevista personal, 30 de marzo de 2023).

Otras barreras y obstáculos

Dejando de lado los cuatro obstáculos principales que toda empresa puede encontrar al intentar internacionalizarse, como por ejemplo las limitaciones de recursos financieros, la disponibilidad de recursos humanos preparados, la dificultad de identificar potenciales socios y oportunidades de negocio o la dificultad de obtener información sobre otros mercados (Fanjul, 2022, pp. 2-5), los expertos entrevistados han resaltado las siguientes barreras:

– Desconocimiento

La falta de información sobre Corea del Sur por parte de la población española es uno de los obstáculos para la cooperación entre ambos países (Baek, entrevista personal, 12 de abril de 2023; Espluga, entrevista personal, 4 de abril de 2023). El desconocimiento supone una puerta abierta a una serie de posibles prejuicios que suelen estar alejados de la realidad. El origen de este desconocimiento mutuo está asociado a una falta de esfuerzo por parte de las instituciones y de la población para superar esta situación de ignorancia que, irremediablemente, acaba por afectar a las relaciones empresariales entre los dos países. Por ende, el desconocimiento general sobre un país dificulta el posterior conocimiento sobre las posibles cooperaciones (Espluga, entrevista personal, 4 de abril de 2023).

Por otro lado, actualmente no se asocia a España como un país puntero en tecnología avanzada y de calidad, como ocurre en el sector energético. Un componente de este desconocimiento es que a nivel ministerial no se planifican suficientes viajes y visitas a países dónde el contacto humano es esencial, tal y como ocurre en la mayoría de países asiáticos. Por parte de la administración pública, este suceso tendría que subsanarse y promocionarse más allá del Ministerio de Asuntos Exteriores (Emilio de Miguel, 12 de mayo de 2023).

– Proteccionismo

La República de Corea y otros países asiáticos son conocidos por su naturaleza proteccionista (Espluga, entrevista personal, 4 de abril de 2023; Gascón, entrevista personal, 19 de mayo de 2023; Hauge, 2020, p.2077), hecho que dificulta tanto la exportación de productos como la penetración de empresas españolas en su mercado.

– Cultura empresarial

Factores como la ética del trabajo y otros aspectos de la cultura empresarial difieren entre ambos países. Estas diferencias pueden llegar a generar malentendidos o desencuentros en las conversaciones y negociaciones entre compañías. Por ejemplo, en Corea del Sur se da una gran importancia a la jerarquía, el respeto por la autoridad, la edad avanzada y la mayor exigencia de habilidades empresariales en las mujeres que en los hombres (Emilio de Miguel, 12 de mayo de 2023), mientras que en España se apuesta por un modelo empresarial más informal y horizontal (Viladeplana, entrevista personal, 24 de abril de 2023).

– Complejidad del proceso y distancia geográfica

La necesidad de tener un socio local dispuesto a abrir puertas a las empresas españolas se trata de una tarea difícil de hacer desde las sedes en España: hay que viajar al país (Emilio de Miguel, entrevista personal, 12 de mayo de 2023) y se tiene que hacer también a nivel oficial (Pacheco, entrevista personal, 30 de marzo de 2023). Además, una vez establecida la relación, lo más complejo es la identificación de un socio adecuado que tenga la misma línea de trabajo e intereses, la organización en el reparto de tareas y funciones de cada parte y el reparto de mercados o sistema de royalties para explotar la tecnología desarrollada (Gracián, entrevista personal, 27 de marzo de 2023).

– Competitividad con otros países

En relación a la ventaja competitiva de otros países europeos respecto a España, parece que la popularidad y el conocimiento de otras naciones europeas, como Francia, Alemania e Italia, entre la población surcoreana es bastante superior (Baek, entrevista personal, 12 de abril de 2023). Este problema de "product placement" no lo tiene Italia, un país con una situación económica similar a la de España pero que ha tenido más éxito exportando su cultura, asociando su imagen con la de Europa, acoplándose así al eje franco-alemán. Estos problemas de imagen que tiene España no están siendo subsanados por las instituciones públicas, hecho que a la larga podría tener consecuencias negativas para las empresas que pretendan internacionalizarse (Emilio de Miguel, entrevista personal, 12 de mayo de 2023).

Corea del Sur ha logrado posicionarse al mismo nivel que Japón, logro del que la propia población surcoreana es muy consciente. Además, la ROK es uno de los países que más se ha desarrollado a nivel tecnológico, junto a Taiwán y Japón, en semiconductores, robótica, 5G, 6G, móviles, y otras tecnologías TIC. La relación que tienen los grandes *chaebol* con su propio gobierno y otros estados suele ser a nivel oficial, ya que son grandes empresas con relevancia internacional. Según Pacheco (entrevista personal, 30 de marzo de 2023), este factor (el de que las empresas privadas surcoreanas se traten nivel oficial) es entendido por los países anteriormente mencionados, por lo que España tendría que considerar establecer este tipo de relaciones con los *chaebol*. Los grandes conglomerados como Samsung, Hyundai o LG no entienden que se les dé un nivel inferior al del oficial, ya que necesitan a las personas del gobierno que toman las decisiones.

Según Viladeplana (entrevista personal, 24 de abril de 2023), otras importantes barreras a tener en cuenta en la cooperación tecnológica entre España y Corea del Sur son:

– Barreras legales y diferencias en los marcos regulatorios

La normativa legal y fiscal en Corea del Sur puede resultar compleja y diferente a la de España. No obstante, la ROK es un país que facilita la entrada en el país (Gascón, entrevista personal, 19 de mayo de 2023), aunque quizás no el éxito en su mercado.

– Barreras económicas

Corea del Sur tiene una economía altamente competitiva y especializada, lo que puede resultar difícil para las empresas españolas que intentan entrar en el mercado, especialmente para las PYMEs o medianas empresas.

– Barreras tecnológicas

Viladeplana (entrevista personal, 24 de abril de 2023) sostiene que, dejando de lado las barreras culturales, lingüísticas, económicas y legales en la cooperación entre ambos países, que es necesario destacar que España y Corea del Sur son diferentes a nivel tecnológico. Las principales barreras tecnológicas en esta cooperación son:

a. Protección de la propiedad intelectual: algunas empresas pueden ser reacias a compartir información técnica por temor a ser copiadas, aunque Corea del Sur protege legalmente esta barrera por ser un país con empresas generadoras de patentes innovadoras.

b. Diferencias en los estándares tecnológicos: tal y como se ha explicado anteriormente, los clientes surcoreanos consumen mucha tecnología y son una población exigente.

c. Costos de transferencia de tecnología: pueden ser números considerables cuando se trata de investigación y desarrollo, los costos de propiedad intelectual, de adaptación y de ajuste de tecnología.

d. Falta de colaboración entre empresas: se da cuando las empresas no están familiarizadas con los socios potenciales en otros países, hecho que conlleva a dificultar la formación de alianzas estratégicas.

3.2. Sectores relevantes en la cooperación tecnológica entre el Reino de España y la República de Corea

El segundo y tercer apartado de este último capítulo recogen, en cierta medida, la pregunta de investigación inicial del presente trabajo: a partir de las características del modelo de desarrollo tecnológico surcoreano (anteriormente analizadas en el segundo capítulo), ¿qué posibilidades de cooperación tecnológica existen entre España y Corea del Sur en la actualidad? Dejando de lado las diferentes hipótesis que se han formulado a lo largo del trabajo, la hipótesis general es que las posibilidades de cooperación tecnológica entre España y Corea del Sur radican en el sector de las energías renovables y el de la automoción, por ser las áreas en las que el nuestro país está más avanzado tecnológicamente y las que pueden suscitar más interés a la ROK.

De modo introductorio, algunos de los expertos entrevistados (Espluga, entrevista personal, 4 de abril de 2023; Gascón, entrevista personal, 19 de mayo de 2023) sostienen que en realidad hay muy poca cooperación tecnológica entre España y Corea del Sur, ya que los Programas de Cooperación Tecnológica Internacional (PCTI) se dan cuando "entidades españolas y surcoreanas (al menos una por país), mejoran y desarrollan de forma conjunta un nuevo producto a explotar en el mercado" (Pérez y Espluga, 2023). No obstante, la escasez en dicha cooperación no significa que sea inexistente. De hecho, Corea del Sur presenta un mercado atractivo y seguro con muchas oportunidades para las empresas españolas que buscan expandirse internacionalmente y así establecer su presencia en Asia (Viladeplana, entrevista personal, 24 de abril 2023). Por este motivo, el Ministerio de Ciencia e Innovación, especialmente con el CDTI y sus respectivas relaciones con KIAT, es el principal promovedor de dichas cooperaciones.

Los acuerdos CDTI-KIAT: el pilar de la cooperación tecnológica entre España y Corea

Tal y como queda reflejado en la Figura 1 (Pérez y Espluga, 2023), el CDTI y KIAT firmaron su primer acuerdo en 2007 para promover la colaboración tecnológica entre ambos países, estableciendo inicialmente el Programa Bilateral KSI y facilitando también la entrada de Corea en la iniciativa Eureka en 2009 –anteriormente explicada en el primer capítulo–. Posteriormente, en 2014, Corea empezó a formar parte del Eurostars –también explicado en el primer capítulo– y en 2017 se abrió la convocatoria KSEI (un programa especializado en la cooperación en ámbito de energía entre los dos países) gracias a la firma del acuerdo entre el CDTI y la agencia surcoreana "Korean Energy Technology Evaluation and Planning", también conocida como KETEP (es decir, el equivalente de un CDTI surcoreano especializado en energía). De modo similar, en 2020 se firmó el acuerdo con la agencia surcoreana "Institute for Information & Communication Technology Planning & evaluation" (IITP) y nació la primera convocatoria KRESIP, especializada en el sector de las TICs. En el mismo año, el CDTI realizó un total de 11 llamadas bilaterales con Asia Pacífico, entre ellas una a Corea del Sur y otra con el mismo país a través de Eureka (CDTI, 2021a, p. 55).

En 2021 y 2022 se renovaron tanto los acuerdos con el KETEP (KSEI) como con KIAT, respectivamente (Pérez y Espluga, 2023). Asimismo, en 2021 se cerraron nueve llamadas con países del Asia Pacífico, de las cuales seis fueron en el marco de los programas bilaterales (entre ellos Corea del Sur) y otra Corea del Sur a través de Eureka, (CDTI, 2022a, p. 63). También se estableció un Evento CDTI en la ROK para dar a conocer la capacidad científico-tecnológica de las entidades españolas en IA, colaborando con la Agencia Coreana IITP (CDTI, 2022a, p. 65).

Figura 1

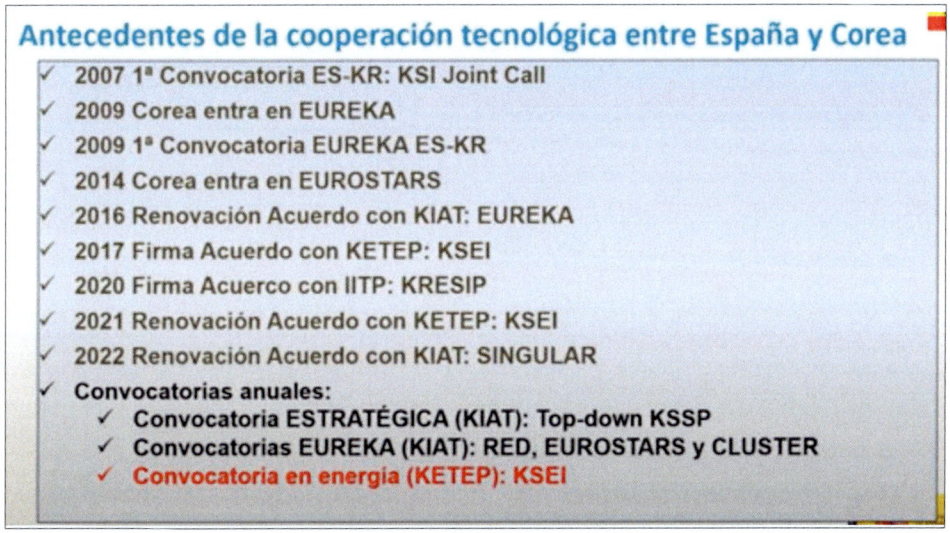

Fuente: Pérez y Espluga, 2023

Un año después, en 2022, se acordó que en 2023 se lanzaría un nuevo programa KSSP para "apoyar proyectos conjuntos de gran alcance y alto impacto en tecnologías específicas estratégicas elegidas" en cada convocatoria, dotando un presupuesto de ayudas con 5 millones de euros para cada país (CDTI, s.f.). Actualmente, según Pérez y Espluga (2023), las convocatorias anuales vigentes son: la estratégica Top-down KSSP (explicada) en el siguiente subapartado). Fruto de todas estas convocatorias y siguiendo una filosofía "bottom-up" (en la que se concede total libertad a las empresas o entidades interesadas para llevar a cabo los consorcios), el CDTI ha conseguido propulsar más de 100 proyectos en materia científico-tecnológica entre el Reino de España y la República de Corea. Estos proyectos suelen tener una duración máxima de 1-3 años, deben ser siempre de investigación y desarrollo, no de transferencia en tecnología, y tener objetivos técnicos concretos y claramente identificados.

Curiosamente, a día de hoy el CDTI no posee una guía específica para la colaboración internacional en I+D o en cualquier otro ámbito tecnológico con Corea del Sur, aunque sí que la tiene con otros países: Argelia, Argentina, Australia, Brasil, Colombia, Chile, China, Egipto, Emiratos Árabes Unidos, Estados Unidos, Indonesia, Malasia, Marruecos, México, Perú, Rusia y Taiwán. Según Espluga (2020, p. 136), en las convocatorias previas se han detectado diferentes sectores para la potencial colaboración entre empresas españolas y surcoreanas en: marina y océanos, agroalimentario, geología y minería, energías limpias, ciudades inteligentes, colaboraciones en instalaciones como con el telescopio "European Solar Telescope" de Canarias, biología y salud, nanotecnologías y fotónica. Asimismo, al ser Corea el quinto fabricante mundial de recambios de automoción (Gracián, 2020, p. 164), a continuación, se analizarán dos de los sectores con potencial de colaboración entre ambos países: el de energías y el automóvil (Figura 2).

Figura 2. Industrias estratégicas para liderar el crecimiento futuro en Corea del Sur

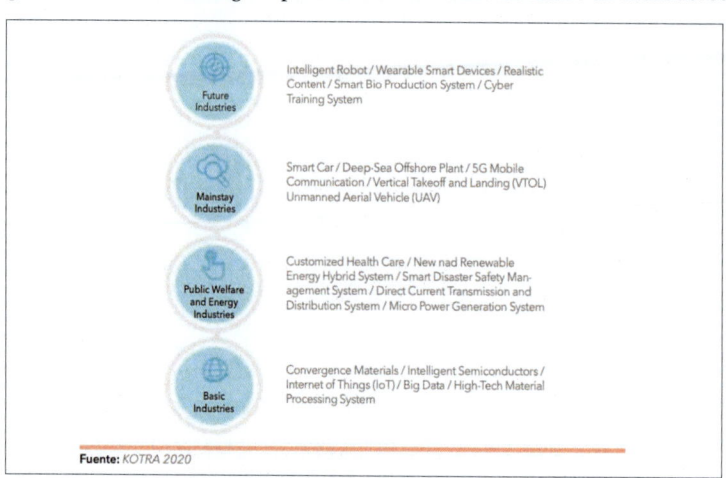

Fuente: Gracián, 2020, p. 169.

3.2.1. Cooperación en el sector energético: la oportunidad que ofrecen las energías renovables

La relevancia del KSEI y la convocatoria 2023

Gran parte de la cooperación en investigación y desarrollo tecnológico en materia de energía entre España y Corea del Sur se da bajo el marco del KSEI, propulsado por el CDTI y el KETEP. A día de hoy se han dado un total de cinco convocatorias para crear proyectos de este tipo, la quinta se publicó el 13 de marzo de 2023 y permaneció abierta hasta el 19 de mayo del mismo año (CDTI, 2023b).

En cuanto a la quinta convocatoria lanzada este 2023, es imprescindible remarcar que se trata de un programa temático especializado en energía; sobre todo en las renovables –exceptuando la eólica–, en hidrógeno verde y en *smartgrid* –incluyendo el almacenamiento de energía–. La exclusión de los proyectos en energías renovables eólicos radica en la petición surcoreana de explorar otras áreas de innovación, ya que en convocatorias anteriores ya se habían dado proyectos de este tipo. Asimismo, y quizás a raíz del *Korean New Deal* –compuesto por el *Digital New Deal* y el *Green New Deal*– lanzado el pasado 14 de julio de 2022, Corea del Sur demostraba un alto interés en obtener hidrógeno, aunque no "hidrógeno verde", característica que añadió España (Pérez y Espluga, 2023). La exclusión de las renovables eólicas tampoco son un hecho sorprendente, ya que tal y como se prevé en la Tabla 9, en los próximos años Corea del Sur demandará una gran cantidad de proyectos de pequeña, mediana y gran escala en el sector eólico *offshore,* aunque el solar seguía siendo el prioritario (ICEX, 2020, p.6).

Tabla 9. Previsión de proyectos año 2026, generación de 22,5 GW

	Tipo	Número de proyectos
	En tierra	38
Solar	Flotante	29
	Subtotal	67
	Onshore	35
Eólica	Offshore	25
	Subtotal	60
Total		127

Fuente: ICEX, 2020, p. 30

Esta quinta convocatoria está enfocada en los proyectos de investigación, desarrollo e innovación (I+D+i) y los participantes tienen que poseer un nivel de preparación tecnológico (Technology Readiness Level-TRL) entre el 3-4 de investigación industrial y el 5-6 de desarrollo experimental. Esto significa que el grado de madurez de la tecnología empleada en dichos proyectos puede estar o bien en un nivel básico (TRL 1-3), o bien en una fase de desarrollo y valoración (TRL4-7). Aunque la gran diferencia radica, tal y como se muestra en las Tablas 10 y 11, en el entorno en el que se desarrolla el proyecto: o bien en un entorno de laboratorio y de investigación (TRL 1-4) o en uno de simulación y desarrollo (TRL 5-6), (Ministerio de Industria, Comercio y Turismo, 2014, pp. 165-166).

TRL 9			TRL 9	
TRL 8	Entorno real		TRL 8	Innovación
TRL 7			TRL 7	
TRL 6	Entorno de simulación		TRL 6	Desarrollo
TRL 5			TRL 5	
TRL 4			TRL 4	
TRL 3	Entorno de laboratorio		TRL 3	Investigación
TRL 2			TRL 2	
TRL 1			TRL 1	

Fuente: Ministerio de Industria, Comercio y Turismo, 2014, p.166

En cuanto al reparto de los 1,25 millones de euros por proyecto de esta quinta convocatoria, en España tanto las grandes empresas como las PYMEs y las universidades (bajo el formato de subcontratación) pueden beneficiarse del presupuesto, pero la subcontratación no existe para Corea, ya que las universidades son consideradas socios. Quizás por este motivo el 100% de intensidad de ayuda en Corea gira entorno los centros de I+D+i en Universidades, mientras que las pequeñas empresas pueden obtener el 75% del dinero; las medianas que facturan menos de 200 millones de euros el mismo porcentaje; las medianas empresas que facturan más de 200 millones pueden obtener el 70% de la ayuda y las grandes empresas hasta el 50% (Pérez y Espluga, 2023). No obstante, el hecho de que en esta convocatoria la mayoría de los fondos se puedan obtener en cooperación con o entre universidades ya demuestra la gran relevancia que Corea del Sur concede al mundo académico. La resolución de la quinta convocatoria está prevista para el 2 de noviembre de este año (Pérez y Espluga, 2023).

Convocatorias anteriores

Es conveniente resaltar que el 2 de enero de 2023 también se abrió la primera convocatoria conjunta del Corea España Programa Estratégico (KSSP, por sus siglas en inglés), que se focaliza en fabricación inteligente y movilidad. A diferencia de la convocatoria KSEI, en esta el consorcio debe estar formado por dos empresas españolas y una coreana, y las propuestas deben encuadrarse en movilidad (en particular el vehículo eléctrico y conectado) y la fabricación inteligente (CDTI, 2023a), aunque dicha convocatoria se analizará en el siguiente subapartado por tratar el sector automóvil.

El pasado 11 de abril de 2022 se publicó la cuarta convocatoria en Innovación Energética entre Corea y España (KSEI) entre España y Corea, y a diferencia de la quinta, la cuarta permitía que las áreas tecnológicas fueran la fotovoltaica, la eólica o el hidrógeno y pila combustible (CDTI, 2022b). Analizando la evolución desde la primera llamada KSEI en 2019 hasta la quinta convocatoria, resulta llamativo que en todas ellas las energías renovables han sido un sector a explotar:

- Convocatoria KSEI España-Corea del Sur, 8 de abril de 2019, que promovía la cooperación tecnológica en las áreas de: eficiencia energética, energías renovables, generación y distribución con un fin civil (CDTI, 2019).

- Convocatoria KSEI España-Corea del Sur, 30 de marzo de 2020, que promovía la las mismas áreas que la convocatoria anterior (CDTI, 2020).

- Convocatoria KSEI España-Corea del Sur, 11 de abril de 2022, que cambió el rumbo en tres áreas: la energía fotovoltaica, la eólica y la de hidrógeno y pila de combustible (CDTI, 2022b).

Curiosamente, parece que en 2021 no hubo una convocatoria KSEI, pero sí que hubo el lanzamiento de la primera llamada conjunta entre el CDTI e IITP dentro de otro programa, el KRESIP para promover la cooperación de desarrollo tecnológico en la Inteligencia Artificial aplicada a la economía (por ejemplo: en Industria 4.0, energía, medio ambiente, seguridad, etc.) o a la sociedad (administración pública, Smart cities, salud, educación, entre otros) con un fin civil (CDTI, 2021b).

España, pionera en energías renovables: solar y eólica

El Reino de España, como miembro de la UE, tiene varias ventajas en el campo de las energías renovables. Por ejemplo, la gran disponibilidad geográfica para explotar energía eólica, solar, hidroeléctrica y biomasa. Esta diversidad reduce la dependencia de una sola fuente y nos permite tener un enfoque más equilibrado de la generación de energía. Nuestro país ha desarrollado una sólida infraestructura y experiencia en el sector de las energías renovables, siendo mundialmente conocido como uno de los pioneros en energías renovables tanto solar como eólica. De hecho, España cuenta con grandes parques eólicos y plantas solares fotovoltaicas, así como con una red eléctrica que facilita la integración de estas fuentes de energía en el sistema eléctrico. Un gran ejemplo sería la reputación internacional de Iberdrola como "líder mundial en energías renovables", aunque datos recientes señalan el impago del Gobierno español a los fondos que invierten en este sector –casi 1.200 millones de euros– (Roca, 2023).

En el Seminario de Cooperación Energética Corea-Europa de 2017, el Instituto para la Diversificación y Ahorro de la Energía (IDAE) determinó que España es un país sin yacimientos de hidrocarburos; que España es líder mundial en todos los campos de las energías renovables, y tiene el segundo mayor número de patentes de energías renovables por habitante de todo el mundo. Datos recientes extraídos del *Energy Snapshot* de la Comisión Europea (Gráfico 8) subrayan que en 2021 el mix eléctrico de España se basaba en un 48% en la energía renovable, biocombustibles y uso de biomasa, mientras que el *mix* energético del mismo año afirma que las energías renovables se utilizaron en un 23%. Además, según los expertos consultados (Baek, entrevista personal, 12 de abril de 2023; Espluga, entrevista personal, 4 de abril de 2023; Pacheco, entrevista personal, 30 de marzo de 2023; Ramírez Bonilla, entrevista personal, 8 de mayo de 2023) las energías renovables siguen siendo un sector interesante para expandir la cooperación entre ambos países, pero es necesario que se establezca un plan a largo plazo para ello.

Gráfico 8. "Energy Snapshot" de España: Mix eléctrico y mix energético de 2021

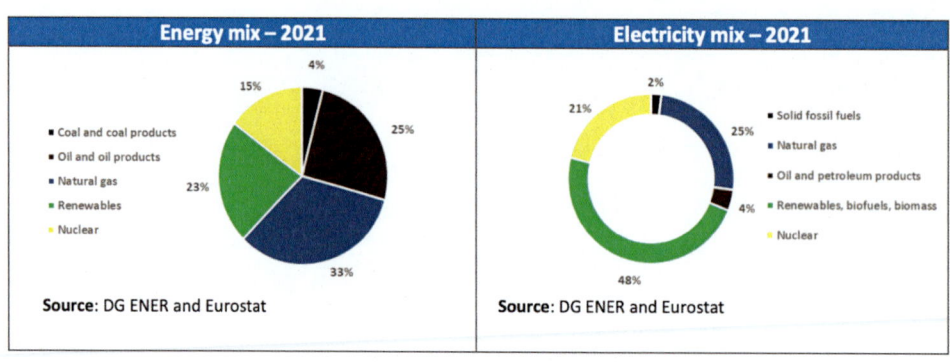

Fuente: Comisión Europea, 2022b

Cooperación España-Corea del Sur en energías renovables

En 2021 el Gobierno español renovó el acuerdo con la agencia coreana "Korean Energy Technology Evaluation and Planning" (KETEP) con el objetivo de apoyar proyectos bilaterales en el ámbito de la energía (CDTI, 2022a, p. 63). La importancia tanto del KETEP como del KSEI para España es relevante, ya que tiene "mucha más ventaja respecto Corea en tema de energías renovables" (Positgo, entrevista personal, 26 de febrero de 2023).

Aunque la quinta convocatoria KSEI no acepta proyectos de energía renovable en el sector eólico, el pasado 26 de marzo de 2023 el Embajador de España en Corea del Sur participó en el lanzamiento de una "Asociación de desarrolladores de proyectos en energía eólica *offshore* flotante de Sinan, presidida por la empresa española Ocean Winds" y mejorando la transición hacia energías renovables que está llevando a cabo Corea del Sur con la participación de empresas españolas y europeas (Embajada de España en Corea, 2023). Tal y como se percibe en la Figura 2, la compañía Corea Energía eólica flotante (KF Wind), que proviene de la española Ocean Winds, es un claro ejemplo de empresa española puntera en tecnología *offshore wind* en Corea del Sur (Positgo, entrevista personal, 26 de febrero de 2023). No obstante, esto no significa que ambos países cooperen en materia tecnológica, de investigación y mucho menos de desarrollo, por lo que sería interesante que los futuros proyectos consideren estas vertientes de cooperación.

Figura 3

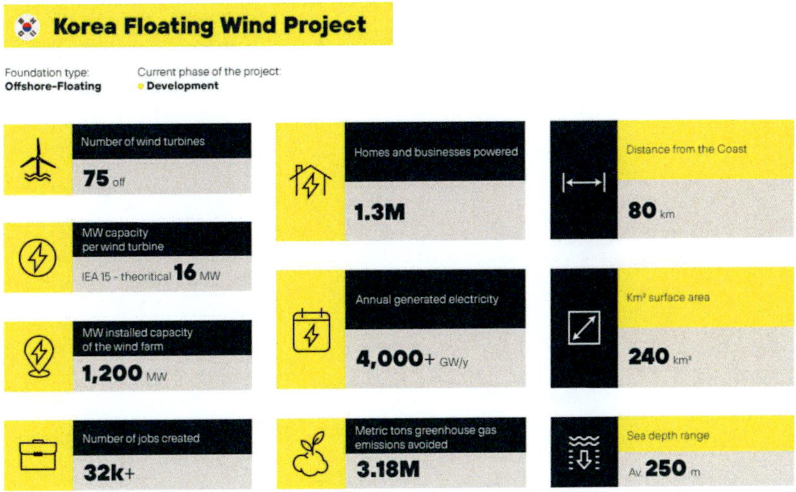

Fuente: Ocean Winds, 2021

Asimismo, tanto Acciona como Siemens Gamesa han actuado en Corea del Sur (ICEX, 2020, p. 9), pero no lo ha hecho en términos de cooperación sino de exportación. Además, los informes más recientes analizan las importaciones de Corea en energía eólica y fotovoltaica, pero no la cooperación que existe en dichas interacciones. Por ejemplo, en 2017, España era el noveno país exportador a Corea en energía eólica (Tabla 12), mientras que, en energía fotovoltaica, fue el 36 en el mismo año (Tabla 13).

Tabla 12

RANKING DE PAÍSES EXPORTADORES A COREA: ENERGÍA EÓLICA
En miles de dólares

Clasificación	País	2015	2016	2017	2018	2019	Cuota de mercado (2019)
1	China	288	7.368	327	222	12.717	48,01 %
2	Dinamarca	-	36.336	16.859	29.864	11.801	51,73 %
3	EE. UU.	12.789	155	824	61	2	0,01 %
9	España	215	-	8.196	-	-	0 %

Fuente: ICEX, 2020, p. 21

Tabla 13. Ranking de países exportadores a Corea: energía fotovoltaica

Clasificación	País	2015	2016	2017	2018	2019	Cuota de mercado (2019)
1	China	1.261.740	1.136.128	1.274.036	1.007.026	1.285.143	43,09 %
2	Japón	692.958	793.716	968.554	975.764	1.003.284	33,64 %
3	Taiwán	295.726	172.513	259.335	357.388	347.150	11,64 %
36	España	17	79	234	19	16	0 %

Fuente: ICEX, 2020, p. 22

Corea del Sur, las energías renovables solares y eólicas y el Green New Deal

De modo introductorio, Corea del Sur fue en 2020 el octavo país del mundo con mayor consumo de energía (ICEX, 2020, p. 6), hecho que lo convierte en un interesante país dónde explotar el potencial de conocimiento español en materia de renovables. Asimismo, su suministro de energía primaria y de generación de electricidad (Gráfico 9) demuestra que el sector energético depende tanto del petróleo como del carbón y el gas natural, perjudicando tanto la economía como para el medioambiente del país. Esto se debe a que el 80% del territorio de la República de Corea es montañoso, lo que dificulta la implantación de la tecnología de las energías renovables.

No obstante, con la intención de resolver esta situación, el Gobierno de la República de Corea lanzó el llamado Plan 3020, "que propone disminuir la contribución de la energía nuclear y el carbón al 60% y aumentar la producción de energías renovables al 30%" (ICEX, 2020, p. 7), hecho que impulsaría la energía eólica y la energía solar un 95% (Gráfico 10).

Gráfico 9

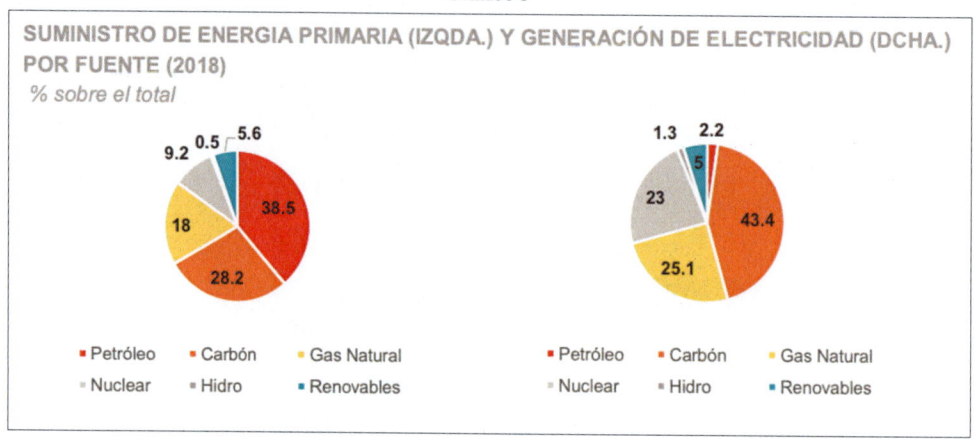

Fuente: ICEX, 2020, p. 6

Gráfico 10

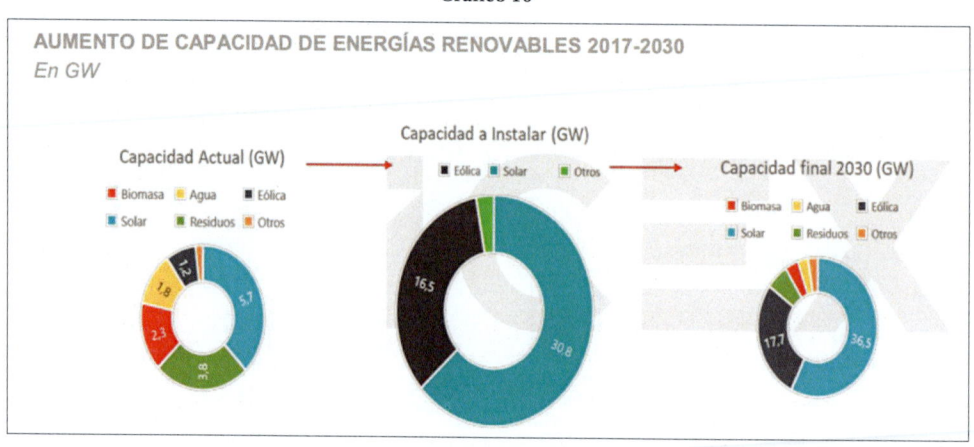

Fuente: ICEX, 2020, p. 7

En junio de 2015, Corea del Sur presentó su Contribución Prevista y Determinada a Nivel Nacional (INDC, por sus siglas en inglés) a la Convención Marco de las Naciones Unidas sobre el Cambio Climático (UNFCCC) y en 2016 la República de Corea introdujo el plan de implementación sectorial con el Plan 2030 para alcanzar el objetivo nacional de reducción de gases de efecto invernadero (UNFCCC, 2021, p. 1). Con el fin de participar en los esfuerzos de la comunidad internacional para combatir el cambio climático y reducir las emisiones de gases de efecto invernadero, el Gobierno creó en 2020 el Foro Visión 2050 con bajas emisiones de carbono. De hecho, en la Estrategia de Carbono Neutral 2050 de la República de Corea, un folleto lanzado por la administración de Moon, se explica que [traducción propia]:

> "La República de Corea avanza hacia el objetivo de la neutralidad de carbono para 2050. El Nuevo Pacto Coreano servirá de trampolín para alcanzar la neutralidad de carbono en 2050. Corea aprovechará las innovaciones ecológicas y las tecnologías digitales avanzadas para crear sinergias entre el Nuevo Pacto Verde y el Nuevo Pacto Digital, los dos pilares del Nuevo Pacto Coreano. Corea también tomará medidas decisivas especialmente en el apoyo y la inversión en el desarrollo de tecnologías climáticas innovadoras para alcanzar la neutralidad de carbono en 2050" (Gobierno de la República de Corea, 2020, p. 7).

Posteriormente, bajo el mandato de la presidencia de Yoon Suk-yeol en 2022, el país lanzó el "Korean New Deal", compuesto por el "Green New Deal" y el "Digital New Deal".

3.2.2. Cooperación en el sector del automóvil

La industria de recambios de automoción de Corea ha experimentado un notable crecimiento en el mercado de exportaciones desde mediados de la década de los 2000. Durante este período, las exportaciones de recambios automotrices comenzaron a aumentar a un ritmo más rápido que las ventas internas en el mercado local. Esta industria desempeña un papel significativo en la economía de Corea, contribuyendo en varios aspectos, estamos hablando de aproximadamente el 6.7% de la producción manufacturera del país. Además, contribuye al valor agregado de la economía coreana, representando alrededor del 6.0% del total. Aproximadamente el 8.7% de los empleos en el país están relacionados con esta industria, lo que destaca su impacto en la creación de puestos de trabajo y en la economía en general (Gracián, 2020, pp. 163-164). Las siguientes tablas pretenden mostrar las interacciones comerciales entre España y Corea del sur en cuanto al sector automovilístico se refiere desde 2017 hasta 2022:

Tabla 14 y 15

EXPORTACIÓN DE ESPAÑA A COREA (en millones de EUR)						
	2017	2018	2019	2020	2021	2022
Vehículos automóviles	270,6	146,1	127,4	130,6	121,9	15,3

EXPORTACIÓN DE COREA A ESPAÑA (en millones de EUR)						
	2017	2018	2019	2020	2021	2022
Vehículos automóviles	1.170,0	1.130,2	1.063,2	746,1	889,4	305,6

Fuente: ICEX, 2022, p. 53

SERAUTO y su misión comercial

El mes de mayo de 2018, una delegación de proveedores españoles de automoción visitó Corea del Sur en una misión comercial directa organizada por la Asociación Española de Proveedores de Automoción (SERNAUTO) en colaboración con ICEX. El encuentro se llevó a cabo con la intención de ayudar a empresas españolas especializadas en la fabricación de componentes para la industria automotriz (tanto aquellas que forman parte de la cadena de suministro de fabricantes de vehículos como las que operan en el mercado de repuestos) a acceder a este mercado estratégico, respaldar la consolidación de las marcas ya establecidas, fomentar la firma de acuerdos comerciales y resaltar las fortalezas de los componentes automovilísticos diseñados y fabricados en España. A lo largo de esta misión, se llevaron a cabo diversos encuentros institucionales con la Asociación de Importadores de Corea (KOIMA) y con la Oficina Económica y Comercial de la Embajada Española en Seúl, así como reuniones con la "Korea Auto Industries Coop. Association" (KAICA) y la Cámara de Comercio Española en Corea. Asimismo, también tuvieron lugar encuentros directos entre empresas españolas y coreanas, incluyendo tanto a los principales fabricantes de vehículos como a importantes distribuidores de repuestos en el país (CEOE, s.f.).

El Programa Estratégico Corea - España

Tal y como se ha mencionado anteriormente, el 2 de enero de 2023, se abrió la primera convocatoria conjunta del Korea Spain Strategic Programme (KSSP), un evento concebido para la presentación de Propuestas de Cooperación Tecnológica Internacional escogiendo para ello dos sectores: la fabricación inteligente y la movilidad. El periodo para presentar propuestas terminó el 21 de abril de 2023, con el fin de que los proyectos que resulten ganadores puedan arrancar a no más tardar el 1 de septiembre de 2023 (CDTI, 2023a). En virtud de su acuerdo, el CDTI y KIAT se comprometen a promover, apoyar y financiar proyectos tecnológicos conjuntos de entidades empresariales españolas y coreanas, pudiendo contar con el apoyo de entidades no empresariales, que por la parte española deberán ir en calidad de subcontratadas. El presupuesto de esta convocatoria es de cinco millones de euros por país, con la intención de apoyar proyectos cooperativos de gran ambición e impacto en investigaciones tecnológicas que encajen e, por lo menos, una de las dos temáticas elegidas para este año. El Programa KSSP otorga a los proyectos que han sido aprobados un certificado de calidad.

Vehículos accionados por hidrógeno

El sector de los vehículos eléctricos se encuentra en el punto de mira de todas las empresas dedicadas al sector automovilístico. A pesar de esta tendencia, tanto el gobierno Coreano como los principales *chaebols* del país se encuentran trabajando actualmente en estrategias y proyectos para la proliferación de los vehículos accionados por hidrógeno.

En el marco del ya mencionado *Korean New Deal*, para el año 2030, se espera que los vehículos motorizados mediante hidrógeno, así como los eléctricos, supongan un tercio coches nuevos vendidos en Corea del Sur. A lo largo del año 2020, Corea del Sur ha calibrado su plan de ayudas económicas enfocadas a los vehículos de estas categorías, ofreciendo más de 42,5 millones de wones (34.715 dólares estadounidenses) para la adquisición de un vehículo de hidrógeno, al mismo tiempo que, según los presupuestos actuales, prevé gastar 43.100 millones de wones en I+D en tecnologías relacionadas con el hidrógeno en 2020 (Stangarone, 2021, p. 512). Además de todos los puntos mencionados, las declaraciones del Gobierno de la República de Corea en relación a este tema añadieron lo siguiente:

> "Se apoyarán 200.000 vehículos de hidrógeno, entre turismos, autobuses y vehículos de carga, y se instalarán 450 puntos de recarga. (...) Se apoyará el desguace de los viejos coches diésel y la transición al gas licuado de petróleo (GLP) o a los vehículos eléctricos" (Gobierno de la República de Corea, 2022, p. 29).

En cuanto al sector privado, el grupo Hyundai Motors y sus compañías filiales, son los *chaebol* más importantes que trabajan en el desarrollo del hidrógeno como fuente de combustible para la movilidad. Ya en el año 2018, Hyundai anunció un proyecto bautizado 'FCEV Vision 2030' con la intención de invertir 7,6 billones de wones (6.700 millones de dólares estadounidenses) en la ampliación de infraestructuras habilitadas para propiciar un I+D más competitivo con el objetivo de fabricar 700.000 sistemas de baterías de hidrógeno para el año 2030, pero sus ventas de vehículos eléctricos ya han empezado:

> "Hyundai es ahora el mayor vendedor mundial de vehículos de hidrógeno. Con su SUV Nexo actualmente disponible en mercados como Corea del Sur, EE.UU. y la Unión Europea, Hyundai vendió 4987 FCEV Nexo en todo el mundo, incluidas 4194 unidades en Corea del Sur. Como parte de su plan 2030, espera ampliar las ventas a 40.000 FCEV en 2022, 130.000 en 2025 y 5000.000 en 2030" (Stangarone, 2021, p. 512).

3.3. Recomendaciones y oportunidades para fomentar la cooperación tecnológica entre España y la República de Corea

Tal y como se ha expuesto anteriormente, este último apartado del trabajo recoge las recomendaciones identificadas en el desarrollo de las diferentes actividades del presente trabajo.

1. Tener un buen plan y estrategia: apostar por la triangulación

Con motivo de las diferencias tan acentuadas respecto a los mercados a los que está acostumbrado el empresario medio español, es importante que las compañías españolas que pretendan expandirse en el mercado tecnológico coreano cuenten con una estrategia sólida y bien planificada, que incluya la identificación de oportunidades específicas y la adaptación a las necesidades y preferencias del mercado coreano (Viladeplana, entrevista personal, 24 de abril de 2023). No obstante, es recomendable que antes de entrar en el mercado surcoreano las empresas testeen su producto en países más próximos (tanto geográfica como culturalmente).

A diferencia del país asiático, en España la cooperación entre el Gobierno, los centros de investigación privados y las empresas tecnológicas es relativamente limitada. En Corea del Sur este triángulo está muy bien desarrollado: el Estado financia proyectos de investigación privados que luego las empresas utilizan para desarrollar mejores productos que exportar al resto de países. Esta colaboración no solo requiere de unir las voluntades del sector privado y de la Administración Pública, sino también de una elevada capacidad de influencia a la población para que sigan los mismos pasos que el Gobierno.

Para que España perfeccionase el éxito en la cooperación de energías renovables y del sector automóvil con un país tan alejado como Corea del Sur, primero sería necesario que nuestro país desarrollase una estrategia a largo plazo, focalizada en el sector científico-tecnológico para invertir más capital en I+D. Para que esto fuese posible, previamente también seria necesario que el Ministerio de Asuntos Exteriores, Unión Europea y Cooperación tuviese una Dirección especializada en Asia Oriental y Meridional.

2. Evitar enfocar la estrategia a unos pocos países concretos y pensar a largo plazo

Con motivo de su situación geográfica (no dispone de recursos naturales y es una península), Corea del Sur se ha visto obligada a producir bienes complejos que exporta a otros países, ya que no podía limitarse a su propio mercado (Baek, entrevista personal, 12 de abril de 2004). Si bien el mercado coreano es similar al español en cuanto al número de potenciales consumidores, las empresas surcoreanas fueron y son conscientes de que el desarrollo económico a ciertos niveles no se podía lograr limitándose a su propio mercado.

Corea, como también hizo Japón en los años 70, ha implementado una estrategia inequívoca y a largo plazo para su desarrollo tecnológico, lo que ha permitido una planificación adecuada desde el primer momento y la correcta asignación de recursos y esfuerzos en las áreas clave de interés para el país. Esta mentalidad largoplazista es el marco que deben entender las empresas y la Administración Pública española que deseen operar en el país asiático y, en especial, en sectores tecnológicos. Tanto el Gobierno de España como el sector privado tendrían que evitar enfocar sus estrategias a los países que tradicionalmente han llamado la atención de la política exterior de nuestro país y ampliar la visión estratégica a otros países orientales.

3. Superar las diferencias culturales mediante grupos especializados

Volviendo al problema de las diferencias culturales, los expertos coinciden en que sería recomendable que las instituciones que apoyan a las empresas pudieran contar con un equipo multicultural capaz de asesorar a la empresa española en cuestiones culturales y sobre las costumbres de Corea del Sur. Es decir, las empresas necesitan un grupo de gente experta en Asia que entienda cómo funciona la población local a nivel laboral y empresarial para evitar malentendidos. Asimismo, también es relevante que las relaciones y la cooperación entre ambos países se intensifiquen físicamente: Corea del Sur sigue priorizando el contacto humano, por lo que la relevancia de las barreras culturales no debe desestimarse.

4. Fomento de espacios comunes que faciliten las oportunidades

Volviendo al sector de la tecnología, es importante entender las ventajas de participar en los programas bilaterales entre España y Corea que tiene el CDTI con el organismo homólogo coreano, KIAT. Esta opción es altamente recomendable para aquellas empresas en el sector de las TIC con necesidades de crecer en I+D e incluso para iniciar relaciones con contactos coreanos que faciliten la inserción en el mercado.

Además, España tiene un Foro con Japón y con China, pero con Corea no se tiene el mismo nivel de relación. Esto quizás se debe al reciente interés que suscita el éxito económico y tecnológico de Corea del Sur, aún muy lejano de la atención tradicional por China y Japón. Dejando atrás la labor del MAEC y la Subdirección General de Asia Oriental y Meridional, las relaciones de diplomacia pública se dan a través de Casa Asia e incluso a través del CEIC. Para que España mejore sus relaciones con Corea del Sur, es necesario que lleve sus relaciones al siguiente nivel: creando instituciones públicas especializadas en dicho país.

5. Promover el conocimiento y la investigación

Como ya se ha mencionado reiteradamente en este trabajo, promover el intercambio de información entre empresas y el mundo académico de ambos países puede crear unas dinámicas que favorezcan los proyectos entre empresas. Además, si esto se complementa con el apoyo del Gobierno y de la población, se da la "triangulación" explicada anteriormente. Estas dinámicas, junto a misiones empresariales, visitas a ferias, la organización de foros y conferencias para discutir temas y el incremento de las visitas oficiales pueden ser una buena medida para establecer relaciones sólidas y duraderas con Corea, incluso en materia tecnológica.

Conclusiones

A partir del trabajo realizado, y en relación a la pregunta de investigación planteada en la introducción, se pueden extraer las siguientes conclusiones cerca la cooperación tecnológica entre España y Corea del Sur.

La primera hipótesis planteaba de modo introductorio que las relaciones tecnológicas entre España y Corea del Sur se establecen entorno el marco institucional que proporciona la Unión Europea con la República de Corea.

– La investigación demuestra que el marco legislativo elaborado y aprobado por las instituciones de la Unión Europea y la ROK (el Acuerdo sobre Cooperación Científica y Tecnológica de 2007 y el Tratado de Libre Comercio vigente desde 2011) ha marcado un patrón positivo en las relaciones económicas entre ambos actores: el comercio bilateral total de mercancías en 2017 fue un 70,8% superior al de 2011 y las ventas de automóviles de la UE a Corea del Sur aumentaron el doble tras la entrada en vigor del Tratado.

– El cumplimiento de la normativa europea por parte de los Estados miembro es esencial para que estos pueden llevar a cabo interacciones económicas con Corea del Sur. España no es una excepción, aunque podría mantener relaciones bilaterales con la ROK en ámbitos culturales y sociales.

– El Tratado de Libre Comercio entre la Unión Europea y Corea del Sur abarca varios aspectos relacionados con la colaboración tecnológica porque ha tenido, desde sus inicios, una clara preferencia por el sector industrial y científico-tecnológico. La protección de la propiedad intelectual, la facilitación del comercio y la promoción de la cooperación en I+D establece las bases para cualquier otro estado miembro de la UE, como España, por ejemplo.

– El marco legislativo y comercial entre la Unión Europea y Corea del Sur genera estabilidad, predictibilidad y confianza. Esto facilita el acercamiento de las empresas españolas que buscan colaborar tecnológicamente con empresas surcoreanas.

– El mercado europeo es muy atractivo para Corea del Sur, quién se ha acercado a los valores europeos y occidentales tras la reciente guerra de Ucrania y ha demostrado ser un socio afín a la UE tras la publicación de la "Estrategia para una región Indo-Pacífica libre, pacífica y próspera" por parte del Gobierno surcoreano.

– El estudio demuestra que los programas de Eureka, como Eureka Clusters y Eurostars, facilitan la cooperación tecnológica entre la Unión Europea, Corea del Sur y otros estados miembros de la UE, como España (que trabaja con el CDTI y el KIAT).

– El Partenariado Verde entre la Unión Europea y la ROK se sostiene gracias a los pactos verdes que cada parte ha formulado por separado (el Acuerdo Verde Europeo y el Nuevo Acuerdo Verde surcoreano), que, a la vez, facilitan la cooperación en el ámbito medioambiental y la propulsión de la investigación a través del Horizonte Europa. España se ve beneficiado de todo esto.

La segunda hipótesis planteaba que el éxito del desarrollo tecnológico surcoreano se debe a su bien estructurada "triangulación" de cooperación entre la Administración Pública, la empresa privada y los centros de investigación universitarios.

– Ha quedado corroborado que el modelo de desarrollo tecnológico surcoreano, fundamentado en la constante compenetración entre las empresas privadas, el mundo académico y las instituciones gubernamentales, ha sido el principal responsable del éxito económico del país. Aunque es relevante tener en cuenta que hay factores culturales y sociales que han propiciado dicho éxito, como la cultura del esfuerzo tan característica de Corea del Sur.

– En cuanto al papel del estado, el Gobierno de Corea del Sur ha desempeñado un papel activo y crucial en el fomento del desarrollo tecnológico. Tanto en el presente como en el pasado, el Gobierno surcoreano ha aprobado políticas y programas que promueven los proyectos de I+D y ha ofrecido apoyo financiero tanto al sector privado (colaborando especialmente con los *chaebols*) como a los centros de investigación.

– Actualmente, dicha "triangulación" surcoreana se ve reflejada en la relevancia que tiene el Ministerio de Educación, Ciencia y Tecnología, el Ministerio de Economía, el Ministerio de Industria y el Ministerio especializado en las PYMEs y Startups; la importancia de los *chaebol* (que generan más del 80% del PIB nacional) y la necesidad del país de dejar atrás los ámbitos de humanidades para focalizarse en el científico en el mundo académico.

- La combinación de estos tres actores (Gobierno, empresa privada y centros de investigación universitarios) ha creado un marco dinámico de innovación y desarrollo tecnológico en Corea del Sur y ha facilitado la transferencia de conocimientos, la colaboración en I+D y la rápida adopción de nuevas tecnologías. Como resultado, el país ha logrado avances significativos en áreas como la automoción y el del sector tecnológico, lo que ha impulsado su economía y su posición en la industria tecnológica a nivel mundial.

La tercera hipótesis estipulaba que las barreras culturales siguen influyendo en la cooperación tecnológica entre España y Corea del Sur.

- Se ha constatado que, a pesar de la globalización, las barreras culturales siguen teniendo influencia directa en la colaboración tecnológica entre ambos países. Las diferencias culturales continúan afectando la comprensión mutua y las prácticas empresariales entre ambos países. Además, la barrera lingüística también supone un obstáculo porque, a pesar de que el inglés está internacionalmente extendido, dificulta la fluidez de la comunicación entre compañías: la necesidad de traducción e interpretación puede ralentizar el intercambio de información y generar malentendidos.

- Las diferencias culturales también tienen un impacto en la cultura empresarial de cada país: Corea del Sur tiene una cultura empresarial jerárquica y en ella tanto la edad como la cortesía y el puesto dentro de la empresa son muy relevantes, mientras que España tiene una cultura empresarial más horizontal. Las empresas españolas que traten con Corea del Sur tendrían que tener un equipo especializado en el país. Es recomendable que dicho equipo esté compuesto por gente adulta (no becarios o jóvenes con poca experiencia) con un puesto relevante en la empresa, ya que la cultura empresarial surcoreana prioriza la jerarquía en la toma de decisiones.

- También se han detectado otras barreras que pueden dificultar la cooperación tecnológica entre España y Corea del Sur: el desconocimiento entre los dos países, el proteccionismo surcoreano, la complejidad del proceso y la distancia geográfica, la competitividad que presentan otros países europeos (como Alemania, Francia e Italia), las barreras legales por las diferencias en los marcos regulatorios y las barreras tecnológicas en sí mismas (siendo los estándares tecnológicos y los costos de transferencia de tecnología diferentes en cada país).

Así pues, este trabajo demuestra que la hipótesis planteada al principio de la investigación también es correcta en buena medida: las posibilidades actuales de cooperación tecnológica entre España y Corea del Sur recaen en el sector de las energías renovables, mientras que el de la automoción es un ámbito atractivo a explorar.

- Una de las características del modelo de desarrollo tecnológico surcoreano más notable es, precisamente, la bien estructurada "triangulación" entre la Administración Pública, la empresa privada y los centros de investigación universitarios, mencionada anteriormente, que facilita la cooperación tecnológica entre España y Corea del Sur: la ROK es un país pionero en el sector tecnológico, pero su modelo industrial compuesto por grandes conglomerados dificulta la cultura emprendedora en el país (aunque no la de innovación). Esto ofrece una oportunidad llamativa para un país como España, puntero en energías renovables.

- La cooperación tecnológica entre España y Corea del Sur es posible gracias a los programas europeos Eureka, anteriormente recogido, y las convocatorias que el CDTI promueve junto con el KSEI y el KETEP.

- En las convocatorias CDTI-KSEI, las energías renovables toman un papel crucial, aunque en la convocatoria de 2023 no se permiten los proyectos de energías renovables eólicas (por petición surcoreana, ya que estos proyectos ya se han realizado con anterioridad). Por lo tanto, existe cooperación tecnológica entre España y Corea del Sur en materia de energías renovables y este campo tendría que fortalecerse, sobre todo desde que la ROK publicó el "Korean New Deal", compuesto por el "Digital New Deal" y el "Green New Deal": que pretenden reducir la dependencia energética del país y apostar por las renovables.

- En cuanto al sector automóvil, a día de hoy parece que no existe dicha cooperación tecnológica entre España y Corea del Sur. En las convocatorias del CDTI-KSEI se habla de movilidad, pero se desconoce si ha salido algún proyecto de cooperación entre ambos países en dicha materia. No obstante, SERNAUTO ha iniciado diversos encuentros institucionales con KOIMA y la Oficina Comercial de la Embajada de España en Seúl. Asimismo, la iniciativa del "Korean New Deal", que ha apostado por los vehículos accionados por hidrógeno, podría facilitar el inicio de este tipo de cooperación entre España y Corea del Sur.

– Por último, sería interesante que el CDTI publicase la resolución de las convocatorias con el KSEI y el KETEP, especificando las empresas (españolas y surcoreanas) que llevan a cabo diferentes proyectos tecnológicos, de qué tipo y qué resultados han obtenido.

Bibliografía

Fuentes (entrevistas personales)

Entrevista a Juan Pablo Postigo, Mananger de estrategia, planificación, importación y compras de UK Korea. 26 de febrero de 2023.

Entrevista a Jerónimo Gracián, Subdirector de KOTRA. 27 de marzo de 2023.

Entrevista a Ramón Pacheco Pardo, Catedrático de Relaciones Internacionales en la King's College de Londres y titular de la Cátedra KF-VUB de Corea en la Universidad Libre de Bruselas. 30 de marzo de 2023.

Entrevista a Esther Torres Simón, miembro del Equipo de Investigación InterAsia de la Universidad Autónoma de Barcelona. 31 de marzo de 2023.

Entrevista a Jordi Espluga Bach, representante del CDTI (Centro para el Desarrollo Tecnológico Industrial) de España en la República de Corea, Taiwán y Singapur. 4 de abril de 2023.

Entrevista a Jang Mi Baek, Directora de Melbot Studios y exdirectora de la Oficina Exterior ACCIÓ en Seúl. 12 de abril de 2023.

Entrevista a Enrique Viladeplana Torres, Presidente de la Cámara de Comercio de España en Corea del Sur. 24 de abril de 2023.

Entrevista a Jae Wan Lee, investigador Senior en el (KIAT) Korean Institute for Advancement of Technology. 28 de abril de 2023.

Entrevista a Juan José Ramírez Bonilla, profesor del Colegio de México en el Centro de Estudios de Asia y África. 8 de mayo de 2023.

Entrevista al Embajador Emilio de Miguel Calabia, Director de Casa Asia y Embajador en Misión Especial de España para el Indo-Pacífico. 12 de mayo de 2023.

Entrevista a Ramón Gascón, ex Country Manager del BBVA en China y ex Director General del BBVA en Corea del Sur, coordinador del grupo de trabajo de Asia en el Club de Exportadores e Inversores de España. 19 de mayo de 2023.

Fuentes primarias

Tratados

Acuerdo entre el Reino de España y la República de Corea sobre cooperación y asistencia mutua en materia aduanera, hecho en Madrid. 16 de junio de 2021. Disponible en: https://www.boe.es/diario_boe/txt.php?id=BOE-A-2021-20631 .

Acuerdo para la promoción y protección recíprocas de inversiones en el Reino de España y la República de Corea, firmado en Seúl. 17 de enero de 1994. Disponible en: https://www.boe.es/diario_boe/txt.php?id=BOE-A-1994-27364.

Acuerdo sobre Cooperación Científica y Tecnológica entre la Comunidad Europea y el Gobierno de la República de Corea. 24 de mayo de 2007. Disponible en: https://eur-lex.europa.eu/LexUriServ/LexUriServ.do?uri=OJ:L:2007:106:0044:0050:ES:PDF.

Decisión del Consejo de la Unión Europea 2011/265/UE. Por la cual el Consejo decide lo relativo a la firma, en nombre de la UE, y a la aplicación provisional del Acuerdo del Libre Comercio entre al Unión Europea y sus Estados miembros, por una parte, y la República de Corea, por otra. 14 de mayo de 2011. https://eur-lex.europa.eu/legal-content/ES/TXT/?uri=celex%3A32011D0265 .

Tratado de Libre Comercio entre la Unión Europea y sus Estados miembros, por una parte, y la República de Corea, por otra. 14 de mayo de 2011. https://eur-lex.europa.eu/legal-content/ES/TXT/?uri=celex%3A22011A0514%2801%29 .

Informes

Brey, E. A. (2019). *España y Corea: 1950-2020. 70 años de relaciones: expansión y diversificación*. Ministerio de Defensa, Boletín IEEE, Documento Marco (16), 780-834, https://publicaciones.defensa.gob.es/media/downloadable/files/links/b/o/boletin_ieee_16.pdf .

CDTI. (2021a). *Memoria Anual 2020*. Ministerio de Ciencia e Innovación. Disponible en: https://www.cdti.es/recursos/publicaciones/archivos/43425_1681682021104819.pdf .

CDTI. (2022a). *Memoria Anual 2021*. Ministerio de Ciencia e Innovación. Disponible en: https://www.cdti.es/recursos/publicaciones/archivos/8906_32322023144429.pdf .

Comisión Europea. (2022a). *Republic of Korea-European Union Digital Partnership*. Disponible en: https://digital-strategy.ec.europa.eu/en/library/republic-korea-european-union-digital-partnership .

Gobierno de la República de Corea. (2020). *2050 Carbon Neutral Strategy of the Republic of Korea*. Disponible en: https://unfccc.int/sites/default/files/resource/LTS1_RKorea.pdf .

Gobierno de la República de Corea. (2022). *Korean New Deal*. Disponible en: https://english.moef.go.kr/pc/selectTbPressCenterDtl.do?boardCd=N0001&seq=4948 .

ICEX. (2023b). *Guía de país. Corea del Sur*. Oficina Económica y Comercial de España en Seúl. https://www.icex.es/content/dam/es/icex/oficinas/109/documentos/2023/05/guia-pais/guia_pais_corea_del_sur_2023.pdf .

ICEX. (2020). *El mercado de energías renovables en Corea del Sur*. Oficina Económica y Comercial de España en Seúl. https://www.icex.es/content/dam/es/icex/oficinas/109/documentos/2020/06/documentos-anexos/DOC2020854030.pdf .

ICEX. (2022). *Informe Económico y Comercial de Corea del Sur*. Oficina Económica y Comercial de España en Seúl.

ICEX. (2023a). *Informe económico y comercial de Corea del Sur*. Oficina Económica y Comercial de España en Seúl. https://www.icex.es/content/dam/es/icex/oficinas/109/documentos/2023/03/iec/iec-corea-del-sur-2023.pdf .

Ministerio de Industria, Comercio y Turismo. (2014). Notas sobre Niveles de Nadurez de la Tecnología. *Economía Industrial Núm. 3939: Aplicaciones de la Teoría de Juegos a la Economía Industrial* (pp. 165-170). https://www.mincotur.gob.es/Publicaciones/Publicacionesperiodicas/EconomiaIndustrial/RevistaEconomiaIndustrial/393/NOTAS.pdf .

Rochel, J. J. B., y Yeto, S. C. (2010). *Las Relaciones Económicas entre España y Corea del Sur*. Ministerio de Industria, Comercio y Turismo, Boletín Económico de ICE, (2998), 31-41.

Solís, S. (2021). *Technological innovation in the EU and the Republic of Korea: Similarities, differences, and areas for cooperation*. European Parliament. https://www.docdroid.com/u5at6hQ/susana-solis-renew-europe-technological-innovation-in-the-eu-and-the-republic-of-korea-pdf#page=4 .

UNFCCC. (23 de diciembre de 2021). *Presentación en virtud del Acuerdo de París. Mejora de la presentación de la República de Corea de su Primera Contribución Determinada a Nivel Nacional*. https://unfccc.int/sites/default/files/NDC/2022-06/211223_The%20Republic%20of%20Korea%27s%20Enhanced%20Update%20of%20its%20First%20Nationally%20Determined%20Contribution_211227_editorial%20change.pdf .

Fuentes Secundarias

Libros

Boestel, J., Francks, P., y Kim, C.H. (2013). Agriculture and industrialization in Korea. En *Agriculture and economic development in East Asia: from growth to protectionism in Japan, Korea and Taiwan*. Routledge. https://books.google.es/books?id=F2Iy0g3Z0JAC&lpg=PT9&ots=6--sqRosmh&dq=South%20Korea%20protectionism&lr&hl=ca&pg=PP1#v=onepage&q=South%20Korea%20protectionism&f=false .

Artículos

Adamczyk, M. (2017). The importance of cultural differences in international business. *Central European Review of Economics and Management, 1*(2), 151-170.

Bae, S. J. y Lee, H. (2020). The role of government in fostering collaborative R&D projects: Empirical evidence from South Korea. *Technological Forecasting & Social Change,* (151), 1-12.

Brañas i Espiñeira, J. M. (2007). La metamorfosis de Corea del Sur. *Anuario Asia-Pacífico,* (1), 359-370.

Cherry, J. (2018). The Hydra revisited: expectations and perceptions of the impact of the EU-Korea free trade agreement. *Asia Europe Journal,* (16), 19-35.

Claeys, G., Tagliapietra, S. y Zachmann, G. (2019). How to make the European Green Deal work. *Bruegel,* (13), 1-21.

Fanjul, E. M. (2010). Factores culturales e internacionalización de la empresa. *Información Comercial Española,* (856), 7-20.

Fanjul, E. M. (2022). Principales barreras a la internacionalización de la empresa. *Escuela de Comercio Exterior.* 1-8.

Guarné, B. C. (2020). El impacto del audiovisual japonés y surcoreano en España. *L'Atalante: revista de estudios cinematográficos,* (29), 7-22.

Hauge, J. (2020). Industrial policy in the era of global value chains: towards a developmentalist framework drawing on the industrialization experiences of South Korea and Taiwan. *The World Economy,* (43), 2070-2092.

Kavurmaci, A. (2018). The Place of R&D and Education Policies in South Korea's Economic Development. *Journal of Social Policy Conferences,* (74), 51-64.

Kim, B. (2015). Past, Present and Future of *Hallyu* (Korean Wave). *American International Journal of Contemporary Research, 5*(5), 154-160.

Kim, J. (2017). Corporate financial structure of South Korea after Asian financial crisis: the *chaebol* experience. *Journal of Economic Structures, 6*(24), 1-14.

Kim, K. (2022). The Neoliberal strategy of South Korea conglomerates. *World Review of Political Economy, 13*(1), 97-117.

Nye, J. (2004). Soft Power and American Foreign Policy. *Political Science Quarterly, 119*(2), 255-270.

Rosales, O. V. (2021). La experiencia económica de Corea del Sur: lecciones y desafíos. *El Trimestre Económico, 4*(352), 1247-1273.

Santos, I. y Marques, L. (2022). South Korea's Creative Economy: A Case Study on the Hallyu Wave (Korean Wave). *E-Revista de Estudos Interculturais do CEI-ISCAP,* (10), 1-25.

Stangarone, T. (2020). South Korean efforts to transition to a hydrogen economy. *Clean Technologies and Environmental Policy,* (23), 509-516.

Torres, E. S. (2021). Evolution of images of Korean in the paratexts to Korean literature in English translation. *Transletters: International Journal of Translation and Interpreting,* (5), 251-272.

Informes

Agora Energiewende. (2022). *The driving forces behind the Green transition in Europe and South Korea – A comparison between the European Green Deal and the Korean Green New Deal.* https://static.agora-energiewende. de/fileadmin/Projekte/2022/2022-10_INT_Korea_Green_New_Deal/A-EW_280_Korean-Green-New-Deal_EN_ WEB.pdf .

Baek, J. (2022). Ecosistema de *startups* en Corea del Sur. En *Ecosistemas de emprendimiento y oportunidades para startups en China, Japón y Corea del Sur* (pp.57- 76). Casa Asia. https://static.casaasia.es/2022/06/Ecosistemas-y-startups_2022.pdf .

Blanco, R. (2020). La cooperación en industria 4.0 entre España y Corea: presente y futuro. En Hidalgo, A., y Ojeda, A (Ed.), *España y Corea: haca una nueva asociación estratégica* (pp.137-141). CEIC. https://ceic.ws/wp-content/uploads/2021/07/EYC-18-La-cooperacion-en-industria-4.0-entre-Espana-y-Corea-presente-y-futuro.pdf .

Chun, H. (2020). Pasado, presente y futuro de las relaciones entre Corea y España. En Hidalgo, A., y Ojeda, A (Ed.), *España y Corea: hacia una nueva asociación estratégica* (pp. 29-34). CEIC. https://ceic.ws/wp-content/uploads/2021/07/EYC-2-Pasado-presente-y-futuro-de-las-relaciones-entre-Corea-y-Espana.pdf .

Espluga, J. B. (2020). Cooperación científica y tecnológica entre España y Corea. En Hidalgo, A., y Ojeda, A (Ed.), *España y Corea: haca una nueva asociación estratégica* (pp.131-136). CEIC. https://ceic.ws/wp-content/uploads/2021/07/EYC-17-Cooperacion-cientifica-y-tecnologia-entre-Espana-y-Corea.pdf .

Esteban, M. y Armanini, U. (2020). Spain-South Korea Relations: A Dynamic Relationship Chasing Its Potential. En R. P. Pacheco (Ed.), *Mapping Out EU-South Korea Relations: Key Member States Perspectives* (pp. 59-69). KF-VUB Korea Chair. https://www.korea-chair.eu/wp-content/uploads/2020/03/EU-MS-SK-Relations-report-2020.pdf .

Gracián, J. (2020). Sectores estratégicos de inversión. En Lyu, J., Ramos, A., Gracián, J. y Hidalgo, A (Ed.), *Cómo invertir en Corea: experiencia de las empresas españolas* (pp. 163-176). CEIC. https://ceic.ws/wp-content/uploads/2020/12/Como-invertir-en-Corea-WEB.pdf .

Kim, D. H. (2020). La situación de las energías renovables de Corea y la cooperación entre Corea y España. En Hidalgo, A., y Ojeda, A (Ed.), *España y Corea: haca una nueva asociación estratégica* (pp.118-126). CEIC. https://ceic.ws/wp-content/uploads/2021/07/EYC-15-La-situacion-de-las-energias-renovables-de-Corea-y-la-cooperacion-entre-Corea-y-Espana-.pdf .

Lee, S. Z. (2021). Trade. En R. P. Pacheco (Ed.), *South Korea-EU Cooperation in Global Governance* (pp.60-73). KF-VUB Korea Chair.

Lyu, J. (2020). Situación del comercio y la inversión de Corea hacia España. En Lyu, J., Ramos, A., Gracián, J. y Hidalgo, A (Ed.), *España y Corea: hacia una nueva asociación estratégica* (pp.80-88). CEIC. https://ceic.ws/wp-content/uploads/2020/10/Espana-Corea-70-aniversario-176x250-ultimas-correcciones-KF.pdf .

Pacheco, R. P. (2020a). Introduction. En *Mapping Out EU-South Korea Relations: Key Member States Perspectives* (pp.8-10). KF-VUB Korea Chair.

Pacheco, R. P. (Ed.). (2021). Introduction. En *South Korea-EU Cooperation in Global Governance* (pp.5-7). KF-VUB Korea Chair.

Pacheco, R. P., Desmaele, L. y Ernst, M. (2018). *EU-ROK Relations. Putting the strategic partnership to work*. KF-VUB Korea Chair.

Conferencias

Casa Asia. (16 de marzo de 2023). *La geopolítica en el Indopacífico y la posición de Corea* [Ponentes: Castillo, M. y Pacheco Pardo, R.]. Conferencia de Casa Asia, Madrid. https://www.youtube.com/watch?v=OjAXSyKNtmo .

Pacheco, R. P. (10 de noviembre de 2020b). *Reassessment of the goals intended and achieved through the EU-ROK FTA* [Ponente, Panel 2]. Panel de Asia Centre, online, 1-8.

Pérez, M. y Espluga, J. (28 de marzo de 2023). *Llamada Conjunta entre España y Corea del Sur KSEI-2023.* [Ponentes]. Seminario informativo del CDTI, Dirección de Evaluación y Cooperación Tecnológica, online. https://www.youtube.com/watch?v=pCKsRb4M81U .

Tesis y otros trabajos de grado

Brañas i Espiñeira, J. M. (2002) El crecimiento económico de Corea del Sur: 1961-1987. Aspectos sociológicos. [Tesis doctoral, Universidad Autónoma de Barcelona]. https://ddd.uab.cat/pub/tesis/2003/tdx-1113103-155331/jmbe1del.pdf .

Cavieres, M. A. S. (2022) *La educación en el milagro del Río Han: el rol de la educación en el proceso de cambio estructural y desarrollo económico de Corea del Sur (1962-1995).* [Tesis doctoral, Universidad de Chile]. https://repositorio.uchile.cl/handle/2250/185389 .

Pina, M. O. (2020) *El modelo de soft power de Corea del Sur: la creación de Hollywood antes que Estados Unidos.* [Trabajo de Fin de Grado, Grado en Estudios de Asia Oriental, Universidad de Sevilla]. https://idus.us.es/bitstream/handle/11441/131771/1/PINA%20ORTEGA%2C%20MARTA.pdf?sequence=1 .

Webgrafía

Fuentes primarias

Banco Mundial. (s.f.) *Crecimiento anual del PIB (%) – República de Corea.* Disponible en: https://data.worldbank.org/indicator/NY.GDP.MKTP.KD.ZG?end=1990&locations=KR&start=1961 .

Comisión Europea. (22 de mayo de 2023). *Joint statement European Union – Republic of Korea Summit 2023.* Disponible en: https://ec.europa.eu/commission/presscorner/detail/en/statement_23_2863 .

Comisión Europea. (s.f.-a). *South Korea. EU trade relations with South Korea. Facts, figures and latest developments.* Disponible en: https://policy.trade.ec.europa.eu/eu-trade-relationships-country-and-region/countries-and-regions/south-korea_en .

Comisión Europea. (s.f.-b). *Acuerdo de Libre Comercio UE-Corea del Sur.* Disponible en: https://trade.ec.europa.eu/access-to-markets/es/content/acuerdo-de-libre-comercio-ue-corea-del-sur .

Comisión Europea. (s.f.-c). *Korea. Policy background, funding opportunities, agreements and arrangements, projects and results and contact.* Research and Innovation. Disponible en: https://research-and-innovation.ec.europa.eu/strategy/strategy-2020-2024/europe-world/international-cooperation/korea_en .

Comisión Europea. (2022b). *Spain Energy Snapshot.* Disponible en: https://energy.ec.europa.eu/system/files/2022-12/ES%202022%20Energy%20Snapshot_rev.pdf .

Embajada de España en Corea. [@EmbEspanaCorea] (2023, 26 de marzo). *Embajador participó en el lanzamiento Asociación de desarrolladores de proyectos energia eolica offshore flotante de Shinan, presidida por empresa Ocean Winds, destaando transición hacia energies renovables està acometiendo Corea con participación de empreses españolas y europees.* [Tweet]. Twitter. Disponible en: https://twitter.com/EmbEspanaCorea/status/1639879607380848641

EUR-Lex. (12 de julio de 2019). *Summary of Scientific and technological cooperation between the EU and South Korea.* Disponible en: https://eur-lex.europa.eu/EN/legal-content/summary/scientific-and-technological-cooperation-between-the-eu-and-south-korea.html .

Eureka. (2022). *Spain South Korea call for innovative projects.* Disponible en: https://www.eurekanetwork.org/open-calls/network%20projects%20korea%20spain%202022 .

Eureka. (s.f.). *Eureka and South Korea.* Disponible en: https://www.eurekanetwork.org/countries/south-korea/ .

European Union External Action. (27 de enero de 2022). *EU and Republic of Korea hold the 4th Working Group on Energy, Environment and Climate.* Disponible en: https://www.eeas.europa.eu/eeas/eu-and-republic-korea-hold-4th-working-group-energy-environment-and-climate_en .

Eurostat. (30 de junio de 2020). *Impact of COVID-19 on EU trade with South Korea.* Disponible en: https://ec.europa.eu/eurostat/web/products-eurostat-news/-/edn-20200630-1 .

Koen, V., André, C., Beom, J., Purwin, A y Kim, B. (25 octubre de 2021). *Sustaining the Miracle on the Han River.* Organización para la Cooperación y el Desarrollo Económico. Disponible en: https://www.oecd.org/country/korea/thematic-focus/sustaining-the-miracle-on-the-han-river-103653fa/ .

Korea.net. (s.f.)m *The Korean Economy – The Miracle on the Hangang River.* Ministerio de Cultura, Deporte y Turismo y Servicio de Cultura e Información Coreana. Disponible en: https://www.korea.net/AboutKorea/Economy/The-Miracle-on-The-Hangang .

Ministerio de Ciencia e Innovación. (16 de junio de 2021). *España y la República de Corea firman un acuerdo para reforzar la colaboración tecnológica en el ámbito de la energía*. Disponible en: https://www.ciencia.gob.es/Noticias/2021/Junio/Espana-y-la-Republica-de-Corea-firman-un-acuerdo-para-reforzar-la-colaboracion-tecnologica-en-el-ambito-de-la-energia.html .

Noticias

Cámara de Comercio España-Corea. (s.f.). *La inversión de empresas coreanas aumentará en los próximos años. Entrevista a Park Hee-kwon, Embajador de Corea del Sur en España*. Disponible en: https://camaracomercioespanacorea.es/es/comunicacion/noticias/500-la-inversion-de-empresas-coreanas-aumentara-en-los-proximos-anos.html .

CDTI. (11 de abril de 2022b). *Anuncio de la llamada KSEI conjunta entre España y Corea 2022*. Ministerio de Ciencia e Innovación. Disponible en: https://www.cdti.es/index.asp?MP=9&MS=31&MN=2&TR=A&IDR=7&id=1615&r=1138*640 .

CDTI. (13 de marzo de 2023b). *Anuncio de la Llamada KSEI conjunta entre España y Corea 2023*. Ministerio de Ciencia e Innovación. Disponible en: https://www.cdti.es/index.asp?MP=9&MS=31&MN=2&TR=A&IDR=7&id=1631 .

CDTI. (15 de enero de 2021b). *Lanzamiento de la Primera Llamada Conjunta entre el CDTI e IITP dentro del Programa KRESIP*. Ministerio de Ciencia e Innovación. Disponible en: https://www.cdti.es/index.asp?MP=9&MS=31&MN=2&TR=A&IDR=7&id=1565&r=1366*768&r=1440*900 .

CDTI. (2 de enero de 2023a). *Anuncio de la Convocatoria KSSP conjunta entre España y Corea 2023*. Ministerio de Ciencia e Innovación. Disponible en: https://www.cdti.es/index.asp?MP=9&MS=31&MN=2&TR=A&IDR=7&id=1626&r=1280*720&r=1440*900.

CDTI. (30 de marzo de 2020). *1ª Llamada conjunta España-Corea 2020 del programa KSEI*. Ministerio de Ciencia e Innovación. Disponible en: https://www.cdti.es/index.asp?MP=9&MS=31&MN=2&TR=A&IDR=7&id=1531&r=1440*900.

CDTI. (8 de abril de 2019). *Convocatoria KSEI España-Corea del Sur*. Ministerio de Ciencia e Innovación. Disponible en: https://www.cdti.es/index.asp?MP=9&MS=31&MN=2&TR=A&IDR=7&id=1452&r=1920*1080&r=1440*900.

CDTI. (s.f.). *Marco de cooperación tecnológica entre España y Corea*. Ministerio de Ciencia e Innovación. Disponible en: https://www.cdti.es/index.asp?MP=9&MS=31&MN=2&TR=C&IDR=433.

CEOE. (s.f.). *Proveedores españoles de automoción viajan a Corea del Sur*. Empresas Españolas. Disponible en: https://www.ceoe.es/es/ceoe-news/proveedores-espanoles-de-automocion-viajan-corea-del-sur.

Club de Exportadores e Inversores. (15 de marzo de 2022). *Charlando con Gonzalo Ortiz, embajador de España*. Disponible en: https://clubexportadores.org/charlando-con-gonzalo-ortiz-embajador-espana/.

McCurry, J. (15 de marzo de 2023). *South Korea U-turns on 69-hour working week after youth backlash*. The Guardian. Disponible en: https://www.theguardian.com/world/2023/mar/15/south-korea-u-turns-on-69-hour-working-week-after-youth-backlash.

Ocean Winds. (2021). *Korea Floating Wind*. Disponible en: https://www.oceanwinds.com/projects/korea-floating-wind-farm/ .

Roca, R. (22 de abril de 2023). *El impago de la deuda a los fondos inversiones en renovables, nuevo quebradero de cabeza del Gobierno*. El Periódico de la Energía. Disponible en: https://elperiodicodelaenergia.com/el-impago-de-la-deuda-a-los-fondos-inversores-en-renovables-nuevo-quebradero-de-cabeza-del-gobierno/ .

Shin, H. (24 de enero de 2012). *Korea to promote 3rd hallyu: Minister Choe*. The Korea Herald. Disponible en: http://www.koreaherald.com/view.php?ud=20120124000485 .

Anexos: Entrevistas realizadas

En este apartado se adjuntan los dos tipos de entrevistas que se han realizado a LOS 11 expertos con el fin de reflejar sus perspectivas en el ámbito de cooperación tecnológica entre el Reino de España y la República de Corea. Muchas de las entrevistas se han producido en persona, vía telefónica o en videoconferencia, se han grabado en audio digital y posteriormente han sido transcritas.

Documento n.1: Entrevista original

La entrevista original contiene un total de seis preguntas de carácter genérico, ya que se prioriza obtener la opinión profesional de los expertos. Las seis preguntas que se realizaron a los 11 expertos son:

1) ¿Es la tecnología uno de los sectores/oportunidades que pueden ser más interesantes para las empresas españolas en el mercado surcoreano?

2) Desde su experiencia, ¿qué recomendaciones formularía para potenciar la cooperación tecnológica entre España y Corea del Sur?

3) ¿Qué obstáculos encuentran las empresas españolas y surcoreanas en esta cooperación tecnológica?

4) ¿Qué impacto tienen las barreras culturales en dicha cooperación?

5) ¿Qué errores cometen las empresas españolas en dicha cooperación?

6) ¿Qué podemos aprender desde España (tanto las empresas como la Administración) de la experiencia de Corea y sus empresas para promover su desarrollo tecnológico? ¿Qué lecciones podríamos extraer de la experiencia de Corea?

Documento n.2: Entrevista adaptada

La entrevista adaptada pretende no desvincularse de la original y, por este preciso motivo, mantiene la mayoría de las preguntas mencionadas anteriormente. No obstante, para facilitar la participación del experto, normalmente más conocedor de la relevancia cultural que la tecnológica, se ha adaptado la primera pregunta:

1. ¿Cómo se percibe la imagen española en la República de Corea?

Documento n.1: Entrevista n. 1. al Sr. Juan Pablo Postigo, Manager de estrategia, planificación, importación y compras de UB Korea. (26/02/2023)

1. ¿Es la tecnología uno de los sectores/oportunidades que pueden ser más interesantes para las empresas españolas en el mercado surcoreano?

Sí, el sector tecnológico es interesante. Aunque es importante tener en cuenta que en Corea del Sur se consume mucho vino, aceite de oliva y otros productos alimenticios españoles que poco a poco se van introduciendo al mercado. El sector del turismo también es muy relevante; creo que en 2019 más de 600 mil coreanos fueron a España. Por otro lado, Ocean Winds es una empresa puntera española en tecnología de *offshore wind*. España tiene mucha más ventaja respecto Corea en tema de energías renovables. En cambio, en el tema tecnológico España está atrasado porque le falta una cooperación entre el Gobierno, los centros de investigación y las empresas. En Corea del Sur este triángulo está muy bien desarrollado: el Estado financia proyectos de I+D (siendo Corea uno de los países que más invierte en este sector).

2. Desde su experiencia, ¿Qué recomendaciones formularía para potenciar la cooperación tecnológica e industrial entre los dos países?

España tiene en Corea una oficina del Ministerio de Economía, la Embajada, oficinas ICEX, oficina de Defensa, y otra oficina que dependen de Industria e Innovación. En esta oficina solo hay 1 persona, mientras que en Alemania tienen más personas. Eso es lo que en realidad marca la diferencia. Si España quiere propulsar los intercambios tecnológicos, se tiene que invertir en el personal: investigadores, analistas, etc. Pero España no está invirtiendo en eso. Para mejorar en este sector, España tendría que invertir más en investigación y en reforzar el triángulo (anteriormente mencionado).

3. ¿Qué obstáculos encuentran las empresas españolas y surcoreanas en esta cooperación tecnológica?

No lo sé exactamente, pero me imagino que serán problemas sobre todo de comunicación, ya sea falta de conocimiento del idioma o de la cultura y el contexto en el que se dicen las cosas. Y esta falta de comunicación llevaría a falta de confianza.

4. ¿Qué impacto tienen las barreras culturales en dicha cooperación?

Las diferencias culturales están infravaloradas. La gente piensa que el mundo es global y eso es lo que prima. Sin embargo, aunque el mundo cada vez está más globalizado, los países también son muy nacionalistas: con una cultura y relevancia histórica que no se pueden ignorar. En el caso de Corea es muy claro: somos muy diferentes. España está basada en el Imperio Romano y el Cristianismo, mientras que en Corea hay una base del Confucionismo que hace que los pilares de la sociedad sean distintos. Dos puntos interesantes a desarrollar en estas diferencias son la libertad y el perdón.

5. ¿Qué errores cometen las empresas españolas en dicha cooperación?

Uno de los errores es la mentalidad Imperialista de querer imponer nuestro punto de vista creyendo que es el correcto por encima del surcoreano. Es decir, el no intentar comprender el fondo de la otra cultura, sino intentar cambiarla desde nuestra perspectiva. Otro error sería no localizar las formas de hacer del otro ni los productos que quieren.

6. ¿Qué podemos aprender desde España (tanto las empresas como la Administración) de la experiencia de Corea y sus empresas para promover su desarrollo tecnológico? ¿Qué lecciones podríamos extraer de la experiencia de Corea?

Volvería a destacar el triángulo mencionado antes: gobierno, centros de investigación/ universidades y empresas. Los tres tienen un objetivo común y colaboran para llegar a ese fin.

Documento n.1: Entrevista n. 2. Sr. Jerónimo Gracián, Subdirector de KOTRA. (27/03/2023)

1.¿Es la tecnología uno de los sectores/oportunidades que pueden ser más interesantes para las empresas españolas en el mercado surcoreano?

Indiscutiblemente, sí. Corea es uno de los países del mundo con mayor inversión en I+D, con un 4,5% de su PIB, muy por encima del resto de países. Corea es un país sin recursos naturales e invierte en I+D y en educación, esto ha proporcionado que sea un país muy avanzado tecnológicamente y con un gran volumen de registro de patentes anual. Es un magnífico país para tener un socio con el que desarrollar proyectos de I+D, ya que la empresa coreana va a tener un gran apoyo financiero del gobierno central.

2. Desde su experiencia, ¿qué recomendaciones formularía para potenciar la cooperación tecnológica e industrial entre los dos países?

Participar en los programas bilaterales España-Corea del CDTI (www.cdti.es), con el fin de que coordinen con el organismo homólogo coreano, KIAT (https://www.kiat.or.kr/eng/user/main.do), la búsqueda de un socio adecuado en Corea.

Esta opción es muy recomendable para empresas en el sector de las TIC, con necesidades de I+D e incluso de penetración en los mercados asiáticos a través de Corea.

3.¿Qué obstáculos encuentran las empresas españolas y surcoreanas en esta cooperación? ¿Qué se puede hacer para evitarlo?

Los temas más complejos son la identificación de un socio adecuado que esté en tu misma línea de trabajo e intereses. Seguido de la organización en el reparto de tareas y funciones de cada parte, ya que cada uno trabaja en su país y hay una gran distancia. Por último, el reparto de mercados o sistema de royalties para explotar la tecnología desarrollada. Hay que decir que estos co-desarrollos de I+D son proyectos a largo plazo.

4.¿Qué impacto tienen las barreras culturales en dicha cooperación?

Aunque es cierto que la cultura asiática más abierta al exterior es la coreana, debido a diversos motivos, como el carácter exportador que tienen, siempre hay diferencias culturales que hay que limar. Principalmente en la planificación y en los tiempos de trabajo, que se planifican de forma diferente en Corea y España. No obstante, son temas que se van puliendo con el tiempo y las empresas se acaban adaptando a un sistema común de trabajo. El lenguaje ya no es una barrera porque la gran mayoría de los coreanos hablan inglés.

5.¿Qué errores cometen las empresas españolas en dicha cooperación?

Quizás los errores más comunes en este tipo de cooperaciones es el de no cumplir los plazos establecidos en la planificación inicial.

6.¿Qué podemos aprender desde España (tanto las empresas como la Administración) de la experiencia de Corea y sus empresas para promover su desarrollo tecnológico? ¿Qué lecciones podríamos extraer de la experiencia de Corea?

Claramente, los gobiernos provinciales y central de España deben aprender a invertir más en I+D, con el fin de que nuestras empresas se diferencien en los mercados mundiales y aporten tecnología disruptiva con valor añadido. Si ofrecemos lo mismo que el resto, estamos contribuyendo a la desaparición de nuestras empresas. Esta diferencia de inversión se refleja en los datos de inversión de cada país, mientras que Corea invierte en I+D el 4,5% de su PIB, España invierte el 1,41 % del PIB.

Documento n.1: Entrevista n. 3. Dr. Ramón Pacheco Pardo, Catedrático de Relaciones Internacionales en la King's College de Londres y titular de la Cátedra KF-VUB de Corea en la Universidad Libre de Bruselas. (30/03/2023)

1. ¿Es la tecnología uno de los sectores/oportunidades que pueden ser más interesantes para las empresas españolas en el mercado coreano?

Sí. Corea del Sur tiene un mercado complicado en el sentido de que muchos sectores (españoles) la tecnología no está tan masificada. No obstante, en temas de energías renovables, muchas empresas españolas sí que están más avanzadas; por lo que Corea sí que es un mercado más apetecible. La República de Corea es el cuarto mayor (mercado) de Asia y uno de los 10-15 mayores del mundo.

Por lo tanto, nos encontramos ante dos problemas: el primero, que Corea posee tecnologías más avanzadas y por ende las empresas españolas no pueden competir contra ello; y el segundo, que el consumidor coreano en general consume mucha tecnología autóctona del país o tecnologías que han sabido venderse como marcas de lujo. Esto es muy evidente en el sector del automóvil, sobre todo con los coches alemanes. Hay empresas españolas que también se han sabido vender muy bien en Corea, como por ejemplo Zara, Mango,… pero en el sector tecnológico quizás no tanto.

2. Desde su experiencia, ¿qué recomendaciones formularía para potenciar la cooperación tecnológica e industrial entre los dos países?

A nivel de cooperación, España es uno de los países europeos que está intentando atraer inversión coreana, aunque de momento Corea se ha dirigido más a países de Europa central y oriental. En el sector de los semiconductores y la robótica puede que haya más inversiones. Aunque España tiene cierta desventaja porque las empresas que han abierto fábricas allí no son tan potentes como las coreanas aquí, sí que hay sectores que España podría formar parte de la cadena de valores. A nivel de investigación hay Universidades españolas, como las Politécnicas de Madrid, Valencia y Barcelona, que podrían trabajar junto con las SKY para intentar centrarse en este sector. Si no es de modo bilateral, a modo de consorcios con Universidades europeas, españolas y surcoreanas.

Por otro lado, España tiene un Foro con Japón y con China, pero con Corea está a un nivel inferior y se lleva a través de Casa Asia. Quizás este modelo era funcional en el pasado, pero hoy en día todos los países europeos que quieren cooperar con Corea lo han llevado a un nivel Ministerial. Esto también les ayuda a nivel empresarial.

3. ¿Qué obstáculos encuentran las empresas españolas y coreanas en esta cooperación? ¿Qué se puede hacer para evitarlo?

En cuanto a los obstáculos, en primer lugar, podríamos empezar con lo último mencionado en la pregunta anterior. Corea es una prioridad de casi el mismo nivel que Japón: eso Corea lo sabe, y nota que hay países que lo tratan con este nivel diferencial. Corea también es consciente que es uno de los países que más se ha desarrollado a nivel tecnológico, junto a Taiwán y Japón en semiconductores, robótica, 5G, 6G, móviles, etc. En este sentido, los diálogos entre España y Corea se tienen que llevar a nivel Ministerial porque es lo que han hecho otros países (no solo europeos). Por ejemplo, el año pasado, cuando el presidente Sánchez fue a Corea, lo primero que hizo fue visitar la fábrica de Samsung en Pyongtaek. Eso es lo normal y lo importante: propulsar visitas Ministeriales cada 2 o 3 años porque ayuda a las empresas establecidas al país si se entiende con el Gobierno, y viceversa (como ocurre en Corea).

De hecho, cuando los países del este de Europa querían formar parte de la Unión, el Gobierno de ambas partes propulsaba becas académicas para aprender el idioma o fomentar los intercambios. Eso es algo que a lo mejor España aún no ha hecho con Corea y que tendríamos que empezar a plantearnos. A nivel cultural, quizás el estudio del español (por parte de surcoreanos) se tendría que subvencionar. En Corea el español se estudia mucho por Latinoamérica, pero se tendría que potenciar mucho más.

En segundo lugar, para evitar los obstáculos es importante invertir a nivel cultural o impulsar otros proyectos e inversiones, pero siempre a nivel Ministerial. Por ejemplo, la República Checa está haciendo su Centro Cultural en Seúl y le está yendo muy bien. España este 2023 también abre un Instituto en Seúl, que anteriormente solo era una sede y no un centro. Las empresas como Samsung, Hyundai, LG, se mueven entre los niveles de los Ministros: no entienden que se les dé un nivel inferior, porque necesitan a las personas que toman las decisiones.

España es el mejor país en energías renovables, ¿por qué eso no se potencia en Corea del Sur que sí que tiene intención de rebajar su dependencia energética?

Hay empresas coreanas que sí que quieren socios comerciales en este sector (renovablels) y llaman la puerta a España. No obstante, y teniendo en cuenta lo explicado anteriormente, que un país como Dinamarca o Alemania tenga más presencia y más personal en Corea del Sur (eso no quiere decir que sea mejor o peor) en sus Cámaras de Comercio facilita la cooperación. No solo las Cámaras de Comercio tienen más recursos, sino que se dan más visitas Ministeriales y en Corea el contacto a nivel humano sigue siendo crucial. Actualmente, el mercado coreano (el Gobierno y las empresas) posee el lujo de decidir quienes van a ser sus socios.

4. ¿Qué impacto tienen las barreras culturales en dicha cooperación?

No, a día de hoy las barreras culturales ya no tienen un impacto peyorativo en la cooperación entre empresas españolas y surcoreanas. Pero sí que es verdad que siempre hay cierta barrera y que se puede tratar de mitigar de diferentes modos. Las multinacionales ya no son solo coreanas, sino que son multinacionales con empleados internacionalizados y de distintas partes del mundo. España podría mejorar sus empresas si invirtiese dinero en contratar a locales (surcoreanos) para incentivar y facilitar la cooperación. En Londres, Ámsterdam, Países Bajos, Francia esto ya está inculcado: se paga un Premium a los trabajadores del país porque facilitan a introducirte en el país y a mejorar las interacciones comerciales. Además, el inglés ya está extendido y a muchos (surcoreanos) les interesa el español.

5. ¿Qué errores cometen las empresas españolas en dicha cooperación?

Se tarda mucho más a forjar relaciones con Corea que con otros países más cercanos porque el contacto humano importa. Esto es algo que las empresas españolas entienden y otras que quizás les puede costar más.

6. ¿Qué podemos aprender desde España (tanto las empresas como la Administración) de la experiencia de Corea y sus empresas para promover su desarrollo tecnológico? ¿Qué lecciones podríamos extraer de la experiencia de Corea?

A nivel tecnológico, lo fundamental es la inversión en I+D, ya que Corea del Sur es pionero en este sector junto con Israel (mientras que España está más por debajo). Las inversiones se tienen que dar tanto a nivel empresarial como a nivel gubernamental. Aunque las empresas sí que invierten más que el Gobierno, esto último se nota mucho y se tendría que mejorar. Cuando Corea empezó a invertir en tecnología en los 60, 70 y 80, la mayoría de la inversión era siempre Gubernamental. Por ende, la inversión del Gobierno se tendría que apoyar a través de centros de investigación como el CECIC español y otras universidades. España no invierte tanto en la investigación como lo hace Corea. Esto no quiere decir que no tengamos capacidad investigadora, pero la inversión no la tenemos y se nota mucho.

En segundo lugar, en España hay empresas que se centran en la comercialización y exportación, pero también hay muchas otras que aún no lo hacen. El mercado coreano a nivel de tamaño es parecido al español, pero las empresas surcoreanas son conscientes que no pueden sobrevivir solo con el mercado doméstico. En España tenemos la ventaja de estar dentro del mercado europeo, y por eso volcarnos única y exclusivamente en el mercado español no tendría sentido. Nos tendríamos que dar cuenta que la inversión que se realice tiene que ir más allá de lo doméstico desde un primer momento. Creo que ser consciente de esto es lo que ha ayudado a Corea.

A parte de esto, lo que quizás se tendría que hacer es mantener todas las inversiones y cooperaciones que se están dando entre ambos países. De hecho, Corea del Sur se centra mucho en este aspecto: no solo en abrirse en un mercado nuevo, sino también mantener las operaciones en un plazo de 10-30 años.

En relación a esto, en Corea del Sur hay los grandes conglomerados (*chaebols*). El hecho de tener este sistema económico puede que Corea sea pionero en I+D porque fácilmente el Gobierno y la empresa van unidos. Pero en España no se da este sistema económico. ¿Es por esto que nos cuesta más?

Depende del sector. Por ejemplo, con la biotecnología, la robótica, o incluso cuando llegó la Pandemia, muchas empresas se focalizaron en la producción de mascarillas. Los *chaebols* pueden ayudar porque cuando las medianas pequeñas empresas empezaron a pensar en exportar sus productos se asociaron con los *chaebols*. Pero la investigación en sí son empresas que en términos de tamaño no son grandes empresas. Los *chaebol* no son absolutamente necesarias.

Documento n.2: Entrevista n. 4. Dra. Esther Torres Simón, miembro del Equipo de Investigación InterAsia de la Universidad Autónoma de Barcelona. (31/03/2023).

(La entrevistada no ha podido responder la pregunta 5 y 6, ya que abordan puramente temas tecnológicos).

1. ¿Cómo se percibe la imagen española en Corea del Sur?

Es una pregunta de muy difícil respuesta. Cuando aterricé en Corea hace 25 años, el conocimiento de España era muy escaso. Las principales referencias del momento tenían que ver con algún elemento tradicional (como los toros), cultural (Picasso, Sagrada Familia, cine contemporáneo, música) y económico (industria del acero). En general, el conocimiento estaba muy relacionado con las relaciones con Corea (las comunidades coreanas en Canarias, por ejemplo, estaban muy ligadas a la industria naviera). En los años siguientes, cada vez aparecían elementos más visibles, como la gastronomía española (con un creciente número de restaurantes de comida española y la aparición de algunos elementos puntuales en Supermercados), el cine, algunos autores españoles en traducción, etc. También aumentaban los contactos a nivel industrial, con la participación de empresas de ingeniería y arquitectura en proyectos de envergadura en Corea. Durante el COVID, se considera que España actuó de modo razonable. Recientemente, tanto las breves palabras presidenciales en coreano como diferentes anécdotas deportivas (el cinturón con palabras coreanas) han tenido mucha repercusión en medios. Esto se combina con series como la Casa de Papel, que han tenido mucho seguimiento. El interés en la parte cultural se ve en el aumento de estudiantes de español (también ligado a las relaciones con Latinoamérica) que ha permitido finalmente la inauguración de un Instituto Cervantes en Seúl.

Por tanto, no creo que haya una imagen uniforme de España en la sociedad coreana: no creo que el país tenga tanta visibilidad como para haber logrado establecer características concretas. Sin embargo, aquellos que tienen un cierto interés y cierta edad, ven un paralelismo entre la historia coreana y la española que puede ayudar a la comunicación. Los que han entrado en el mundo hispano más recientemente, suelen tener una visión positiva y muy ligada bien a Hispanoamérica, bien a otros países del sur de Europa (Francia, Italia). Considero que, curiosamente, en general, se asocia más a elementos culturales modernos (cine-televisión) y no tanto a elementos tradicionales (toros-flamenco).

2. Desde su experencia, ¿qué recomendaciones formularía para potenciar la cooperación tecnológica e industrial entre los dos países?

Desde el punto de vista cultural, que es donde puedo tal vez aportar algo más, fomentaría los trabajos en colaboración, facilitaría el acceso a derechos de traducción y adaptación y fomentaría proyectos conjuntos con Corea. Si bien, hay mucho interés individual en fomentar la cultura española en general, estaría bien involucrar a agentes con mayor poder de convocatoria: esto se considera con más facilidad si va ligado al fomento de una producción propia.

Por otra parte, y aquí aporto una opinión que no es de experta, hay otros muchos sectores en los que existe cooperación y que se podrían visibilizar. Por ejemplo, en el campo de la ingeniería (construcción y mantenimiento de vías, por ejemplo), en el sector del turismo (contamos con una amplia experiencia), accesibilidad (la fundación ONCE es referente), y aplicación de ciencias puras como matemáticas o química (contamos con verdaderos expertos mundiales), desarrollo urbanístico y medicina (trasplantes). Por parte española, tenemos mucho que aprender en aspectos tecnológicos, enseñanza de matemáticas o desarrollo urbanístico. Personalmente, me gustaría una mayor colaboración en el sector cultural.

3. ¿Qué obstáculos encuentran las empresas españolas y surcoreanas en esta cooperación? ¿Qué se puede hacer para evitarlo?

Creo que los menciono en la siguiente pregunta. Imagino que, además, habrá retos a nivel de aranceles, cambio horario, expectativas salariales y de progreso laboral. Sobre los españoles que se desplazan a Corea, el tema gastronómico puede ser difícil según las exigencias de paladar (hay quien no tolera el picante) y el sueldo y luego está el gran reto del alojamiento. Más allá de esto, puede ser difícil adaptarse a ser una minoría visible, especialmente si no se está en zonas más multiculturales de Seúl. Por supuesto, considero que un mínimo conocimiento de coreano es imprescindible – y esto puede suponer un reto al principio. Como en cualquier emigración, según la expectativa de residencia, y la situación familiar y personal, el encaje cultural y social puede ser más fácil o más difícil. Por ejemplo, a nivel educativo hay muchas diferencias y viajar con familia podría ser más complicado.

4. ¿Qué impacto tienen las barreras culturales en la cooperación entre España y Corea del Sur?

A nivel comercial hay varios aspectos que se podrían mejorar, simplemente con una breve formación y un planteamiento inicial correcto. Me refiero, principalmente, a las diferencias de dinámicas jerárquicas dentro de la empresa y como se reflejan en el nombre del puesto que ocupa la persona que tiene poder de negociación. También en la importancia de crear lazos de confianza y en valorar este hecho a largo plazo: empezar sin prisa es clave para una colaboración a largo plazo. Se podrían mencionar otros aspectos respecto a la comida, las reuniones de trabajo o las horas de dedicación, pero creo que no hay tanta diferencia con algunas de las expectativas en España.

Documento n.1: Entrevista n. 5. Dr. Jordi Espluga Bach, representante del Centro para el Desarrollo Tecnológico y la Innovación de España en la República de Corea, Taiwán y Singapur. (04/04/2023). Entrevista realizada en catalán y transcrita al castellano.

1. ¿Es la tecnología uno de los sectores/oportunidades que pueden ser más interesantes para las empresas españolas en el mercado surcoreano?

Hace años, el Gobierno de Corea implementó un Ministerio especializado en las Pymes, hecho que ejemplifica la importancia que se le concede a este sector. Es decir, hay mucho dinero público para financiar los proyectos Pyme y otras Start-ups (con dinero local). No obstante, esto también crea Start-ups *zombis*, lo que genera que los índices de innovación en Corea sean muy elevados, pero al adentrarte en ellos, uno se da cuenta que se da bastante financiación a empresas que quizás no lo merecen tanto como otras. Esto genera apalancamiento privado en el ecosistema. Aunque hay mucha innovación tanto a nivel privado, público como hasta educativo.

2. Desde su experiencia, ¿qué recomendaciones formularía para potenciar la cooperación tecnológica e industrial entre España y Corea del Sur?

La cooperación entre las empresas españolas y surcoreanas es todavía insuficiente a pesar de los esfuerzos que se están haciendo para impulsarla. La cooperación debe entenderse cuando una empresa (ya sea española o coreana) junta esfuerzos para desarrollar conocimiento. La innovación son start-ups que buscan inversión directa, pero esto no es cooperación en sí. Además, los surcoreanos no destinan tanto dinero en cooperación internacional como en proyectos estratégicos de diferentes Ministerios (el que más trabaja en ello es el Ministerio de Ciencia, el segundo el de Industria, que es el que más coopera a nivel internacional, o el de Start-ups). A grosso modo, los dos Ministerios surcoreanos que conocen la cooperación internacional son: el Ministerio de Ciencia y el de Industria.

Desde el Ministerio de Ciencia e Innovación de España, se están impulsando programas que permiten a la empresa determinar qué línea de investigación prefiere hacer. El CDTI también explica a las empresas como tienen que desarrollarse en el sector, en el tamaño de los proyectos, la composición de los consorcios, etc., y es clave disponer de herramientas de financiación en forma de subvención. Esto genera que las empresas se interesen en el proyecto. También se tiene que incrementar el networking, que durante la pandemia ha sido más complicada de hacer. De hecho, los surcoreanos invierten más que nosotros en dar a conocer el potencial de sus proyectos en el extranjero. Por ejemplo, KOTRA centrándose en el Mobile Congress en Barcelona.

España no conoce a Corea, pero conoce a sus empresas. Además, el soft-power surcoreano, que empezó con el K-pop y el K-drama, ayuda muchísimo a mejorar el conocimiento de Corea. Cabe destacar que la República de Corea es un país que no genera problemas a la hora de invertir por las garantías que ofrece su sistema económico, mercantil y judicial funcionan muy bien. También se respeta mucho los derechos de propiedad intelectual. Se tendría que mejorar el conocimiento entre ambos países y ambas industrias.

En cuanto a mejorar la cooperación tecnológica e industrial entre España y Corea, los proyectos de cooperación se dan cuando dos empresas empiezan a colaborar de modo conjunto porque han visto un potencial de crecimiento o de adquisición de conocimiento que de otro modo no tendrían. Por ejemplo, si una empresa surcoreana empezase a cooperar con una española, esto le facilitaría el acceso al mercado europeo (que suele gustar mucho). La tendencia tecnológica en Corea del Sur es buscar lo mejor, mientras que en España no es así.

¿Y en las energías renovables, España no es un referente?

Hace 15 años, sí. Pero a raíz de la crisis, España dejó las ayudas en energías renovables, lo que se conoce como feed-in tariff. El sector era muy prometedor, pero estaba en pérdidas, tal y como ocurrió con algunas empresas españolas. Se nos conoce por haber sido un referente en este sector, pero España "dejó pasar el tren": lanzamos un proyecto que estaba muy bien, pero nos adelantaron. No obstante, cabe destacar que actualmente se están haciendo esfuerzos para resituar a España como un referente en energías renovables y que el año que viene se quiere lanzar una convocatoria en este sector. De hecho, este 2023 también hemos lanzado una convocatoria, pero con menos presupuesto; mientras que la del año que viene queremos triplicar o cuadriplicar el presupuesto. Anteriormente, esto no hacía falta: eran los surcoreanos los que venían a preguntarme por cooperar en este sector, pero a día de hoy soy yo el que tengo que recordarles que no solo Alemania es buena en renovables.

3. ¿Qué obstáculos encuentran las empresas españolas y surcoreanas en esta cooperación tecnológica?

El hecho de que no exista conocimiento del potencial industrial entre ambos países y tampoco en la cooperación es uno de los grandes obstáculos que encuentran las empresas españolas y surcoreanas. De hecho, hay incluso gente que confunde Corea del Norte con Corea del Sur. Sin embargo, en esta situación el uso eficiente del soft-power es crucial: ayuda a conocer la otra cultura, pero también en mejorar las cooperaciones porque Corea del Sur es uno de los países que más invierte en I+D. El sector público de la ROK invierte tanto en I+D como todo lo que invierte España en su conjunto (público más privado) en I+D. Y luego, por otro lado, el sector privado surcoreano invierte tres veces más que el público. Dicho de otro modo, los surcoreanos invierten casi cuatro veces más (4,6) que nosotros (1,3) en I+D. La economía surcoreana nos ha superado porque tienen muy claro que la innovación es lo que los hace avanzar.

Entonces, ¿son los grandes conglomerados (chaebol) surcoreanos los que impulsan la innovación o son las medianas o pequeñas empresas?

Son los grandes conglomerados, que son los que arrastran la innovación en el país. Samsung, por ejemplo, tiene una gran cantidad de patentes en inteligencia artificial, en comunicaciones (5G, 6G,...). La visión de futuro que tiene Corea del Sur es lo que configura su éxito: son capaces de entender por dónde irá el mercado (en el Internet de las cosas, en IA, en ciberseguridad,etc.). Estas empresas grandes tienen mucho músculo financiero y trabajan mucho con sus proveedores y con los propios centros de investigación coreanos porque son los generadores de conocimiento (por ejemplo, ETRI, KAIST, entre otros). Estos equipos de investigación están satisfechos en la cooperación tecnológica con las grandes empresas del país porque la posterior explotación de dicho conocimiento no radica en una simple subcontratación, sino que los mismos centros de investigación participan conjuntamente de la patente que generan de forma conjunta. No obstante, la innovación de Corea del Sur se da en gran parte en clave nacional, y con poca participación de entidades extranjeras. La empresa coreana tiene una tendencia a primar la cooperación nacional, y le cuesta salir fuera a buscar conocimiento. Esto tiene ventajas e inconvenientes para las PYMES, por un lado, como proveedores de una gran empresa coreana les garantiza el acceso a los mercados internacionales, a la vez que les perjudica por la dependencia que les genera esta dependencia. Actualmente, las PYMES empiezan a preguntarse si tienen que seguir avanzando a las grandes empresas como Samsung, Hyundai, LG o si tienen que empezar a tantear otras empresas en los mercados internacionales.

4. ¿Qué impacto tienen las barreras culturales en dicha cooperación?

5. ¿Qué errores cometen las empresas españolas en dicha cooperación?

(Estas dos preguntas se respondieron a la vez)

La distancia cultural es un factor de consideración. En cualquier modo, salvable cuando se aborda una relación económica entre dos entidades de Corea y España. La lengua es uno más, y de importancia, si bien el nivel de inglés es cada vez más alto, y tanto el coreano como el español se estudian más. Evidentemente, hay factores condicionantes en dicha cooperación, pero tampoco considero que los surcoreanos piensen que, debido a la distancia geográfica, no se tenga que cooperar con un español. Puede haber algún tipo de malentendido, pero eso no es un obstáculo. La directriz es querer ganar dinero juntos, sin perder de vista las formas.

6. ¿Qué podemos aprender desde España (tanto las empresas como la Administración) de la experiencia de Corea y sus empresas para promover su desarrollo tecnológico? ¿Qué lecciones podríamos extraer de la experiencia de Corea?

El ecosistema tecnológico e industrial de Corea es muy parecido al de Japón. De hecho, Japón ya se está quedando atrás debido a su sistema tan cerrado porque las PYMES no se han abierto. Este sistema tiene una doble lectura y Corea del Sur es bastante consciente de ello. Obviamente, cualquier sistema tiene sus partes negativas y positivas, pero el modelo tecnológico e industrial surcoreano tiene muchas más ventajas que desventajas.

Un claro ejemplo es lo avanzados que están en la industria electrónica y de semiconductores, una apuesta fundamentada que realizaron hace 15 años. Esto refleja que el Gobierno de la ROK tiene planes bien elaborados y políticas destinadas única y exclusivamente a estos proyectos. Desde mi perspectiva personal, España podría aprender de Corea en la definición de planes estratégicos de ciencia e innovación.

Documento n.1: Entrevista n. 6. Sra. Jang Mi Baek, Directora de Melbot Studios y exdirectora de la Oficina Exterior de ACCIÓ en Seúl. (12/04/2023).

Dentro de la cámara de comercio de BCN había un cuerpo experto para dar asesoramiento a empresas catalanas. Estas grandes empresas pagaban grandes sumas, y mi deber era seleccionar los países asiáticos interesantes y crear una estrategia para estas empresas de puertas a Asia. Después trabajé al negocio privado de consultoría para las grandes empresas españolas para que pudieran internacionalizarse y atraer capital extranjero. Pude abrir la oficina de ACCIÓ en Corea, y eso me obligó a pensar de forma bidireccional: qué puedo ofrecer y qué me pueden ofrecer. Empecé a mirar las actividades que hacía ICEX, quien tenía una estrategia a largo plazo con un presupuesto mucho más alto. Mi primera idea fue la promoción de vuelos directos entre ambos países para incrementar las interacciones entre empresas coreanas y catalanas y, sobre todo, con la idea de que tienes que vender la marca Europa, España y, como mucho, Barcelona. Aun así los coreanos cuando piensan en Europa piensan sobre todo en Alemania, Francia e Italia, del resto de países no se conocen grandes estrategias de posicionamiento de la marca de sus países. Con la implementación de estos vuelos directos se ha conseguido incrementar el turismo en el país, sobre todo en Barcelona (7 vuelos directos Seúl-Barcelona a la semana a partir de la Pandemia).

1. ¿Es la tecnología uno de los sectores/oportunidades que pueden ser más interesantes para las empresas españolas en el mercado surcoreano?

Contestando a tu pregunta, los sectores que yo escogí fueron la automoción y el farmacéutico. En automoción me interesé en la marca Kia, con mucha presencia en España. La industria de la automoción es a medio-largo plazo, porque la producción de un modelo es de 4 a 5 años, lo que asegura a las partes un mínimo de 5 años de relaciones comerciales. Así, una vez que te conviertes en productor TIER 1, se te asegura una producción a medio-largo plazo. En cuanto al sector farmacéutico, dejando de lado las grandes marcas, las locales se centran en la producción de medicamentos genéricos como en España y necesitan innovar. También me centré en el sector de videojuegos porque Corea es el cuarto productor global de este artículo. En España esta industria es relativamente nueva, y se trata de una industria que en Corea genera mucha mano de obra (programadores, diseñadores...). Si escogí este sector fue para que hubiera venta directa de videojuegos españoles en Corea, pero el salto era enorme: en Corea estas industrias formulan estrategias con cinco años vista. Volviendo a tu pregunta, depende del sector tecnológico al que nos refiramos. Samsung, KIA y otras *chaebols* tienen equipos de I+D enormes. Todo lo que se gana en el I+D se va al mantenimiento de infraestructuras de estas empresas. Las PYMES dependiendo del sector se ven obligados en invertir también en I+D para intentar ponerse a la altura, no para ganar más, sino para cumplir los requisitos de sus clientes.

2. Desde su experiencia, ¿qué recomendaciones formularía para potenciar la cooperación tecnológica e industrial entre España y Corea del Sur?

KIA y Repsol han firmado recientemente un acuerdo para la movilidad eléctrica. Depende un poco de en qué proporción participa cada parte y en qué sector, porque con interés solamente no es suficiente. España está bien posicionada en el tema de renovables o biomasa, pero si no hay un marco donde las empresas o instituciones españolas no estén interesadas en invertir a largo plazo, cada una lo va a tener que pactar de forma individual. Esto tiene un gran coste estructural y de recursos, para una PYME española mandar un equipo de 50 personas a Corea es un cambio estructural importante. Si no hay un marco que facilite la colaboración bilateral, el coste de las empresas es muy grande. Pasó algo parecido cuando las grandes constructoras españolas se fueron a Latinoamérica a construir carreteras: ocurrió porque el Estado proporcionó un marco financiero favorable para ello. Pero si hay una empresa interesada con una buena tecnología, no creo que sea difícil que encuentre su contraparte coreana para llevar a cabo un proyecto, pero en general hay falta de información porque ni las empresas españolas tienen un amplio conocimiento comerciando con las empresas coreanas ni viceversa en general. Esto lleva tiempo y este desconocimiento se puede suplir con un buen marco estatal que facilite que se abran puertas, pero de ahí que el proyecto que se lleve a cabo está en manos de las propias empresas: reconocer su activo, reconocer su *partner* y reconocer su proyecto, y la tecnología caduca rápido, así que deben ser ágiles.

3. ¿Qué obstáculos encuentran las empresas españolas y surcoreanas en esta cooperación tecnológica?

Siempre va a haber la misma cuestión: en población son países similares, el nivel económico es similar, el tamaño es similar... Tecnológicamente, no estamos (España) a la cabeza, pero tampoco a la cola, los *backgrounds* políticos son similares, pero si miras los recursos son bastante diferentes. La gran diferencia es que en España ha apostado por las PYMES y en Corea se ha apostado por las grandes empresas multinacionales. Para mí lo de las barreras culturales es algo de sentido común: lo que no hagas en tu casa no lo hagas en la del otro. ¿Qué tengo que dar la tarjeta con las dos manos? Bueno, se hace. Es sentido común puro y duro. Si tu producto español no está bien posicionado en España, Latinoamérica o el Norte de África no vengas a Corea, porque el uso horario es muy distinto, está muy lejos... No porque tu producto no vaya a tener éxito porque no sea bueno, sino porque no lo has testeado en los países en los que tú te sientes cómodo, en los mercados que tú entiendes.

4. ¿Qué impacto tienen las barreras culturales en dicha cooperación?

El tema de la cultura para mí es muy sencillo: si me envían un correo, lo contesto; ¿prometo algo? Lo cumplo. ¿Voy a mandar la muestra? La mando. Cumple los términos... No es que sea cultural de Corea, China o Japón... son cosas básicas de la interacción humana. Ahí se toman las cosas muy en serio. Cuando estaba en Corea para hablar de España, aproveché la falta de conocimiento de ellos hacia nosotros para dejar claro desde un primer momento un discurso coherente junto con la marca Barcelona. Como no había un mal antecedente, la gente lo compró bien. Si tu discurso no es coherente cuando vayas a vender un producto, olvídate: si vas a vender España como un *hub* tecnológico la gente no se va a engañar, no es coherente, pero si tú estás vendiendo una tecnología de energías renovables, ahí sí que hay buenas referencias tecnológicas y la marca España no molesta.

5. ¿Qué errores cometen las empresas españolas en dicha cooperación?

Son errores que los cometen no porque sea Corea, sino por falta de estrategia:

i. No estudian muy bien el mercado antes de tomar la decisión. Piensa que, en otros lugares de Asia, debido al desconocimiento, la gente piensa que Seúl es de una forma y luego se sorprenden de su modernidad tecnológica.

ii. Falta de estrategia. Debe haber una estratega proporcional, es decir, no vayas un día con un billete de avión a ver qué hay en Corea: lee los estudios de ACCIÓ, ICEX, experiencias previas... La cámara italiana tiene unos estudios sobre el mercado de corea estupendos, al igual que la americana.

iii. Becarios: las empresas tienen que contratar alguien con cierta experiencia y autoridad en la compañía, porque en Corea con un becario de ICEX no haces negocio, ni en ningún otro país. Que no hable coreano... no sé que decirte. Puedes trabajar tranquilamente sin hablar coreano, pero tiene un límite. Si alguien es posicionado como experto en algo (un senior mánager con experiencia estratégica, por ejemplo), el coreano es un plus, pero no es esencial. La entrada de las empresas en corea requiere de una inversión inicial de 100 millones de wons (80.000 euros aprox.), entonces sin tener una buena estrategia es muy difícil y arriesgado. Los clientes coreanos quieren que la empresa tenga presencia física por el tema del compromiso y la confianza con el cliente y, sobre todo, el control, quieren relación tu a tu. No quieren mirar el reloj todo el rato para saber si en España es de día y pueden llamar. En resumen: hay que entender el mercado y el producto muy bien.

¿Qué podemos aprender desde España (tanto las empresas como la Administración) de la experiencia de Corea 6. y sus empresas para promover su desarrollo tecnológico? ¿Qué lecciones podríamos extraer de la experiencia de Corea?

Desarrollo tecnológico no sé que decirte... porque al fin y al cabo es una necesidad que han desarrollado ellos. Es un país que no tiene recursos naturales, así que se han visto obligados a producir bienes de consumo complejos que exportar a otros países vía mar-aire. No tiene sentido tampoco montar fábricas en Corea porque la mano de obra no es barata, y luego todo el tema inmobiliario tampoco. Se han centrado en productos complejos y pequeños sin tener que afrontar grandes costes logísticos. Las empresas españolas que desde el 2008 se espabilaron con el tema de I+D actualmente se han posicionado bien en el mercado y realmente pueden competir, pero es difícil vender tecnología con la marca España.

Documento n.1: Entrevista n. 7. Sr. Enrique Viladeplana Torres, Presidente de la Cámara de Comercio de España en Corea del Sur. (24/04/2023).

1. ¿Es la tecnología uno de los sectores/oportunidades que pueden ser más interesantes para las empresas españolas en el mercado surcoreano?

La tecnología es sin duda uno de los sectores más interesantes para las empresas españolas que buscan expandirse en el mercado coreano. Corea del Sur es conocida por su fuerte industria tecnológica, con empresas líderes en el campo de la electrónica, las telecomunicaciones y la robótica, como Samsung, LG y Hyundai. Por lo tanto, hay muchas oportunidades para las empresas españolas que ofrecen tecnología innovadora en el mercado coreano. Además, Corea del Sur tiene una economía altamente desarrollada y una sociedad avanzada tecnológicamente, lo que la convierte en un mercado atractivo para las empresas españolas que buscan expandirse internacionalmente.

Sin embargo, el mercado tecnológico en Corea del Sur es altamente competitivo y está dominado por empresas locales, lo que puede dificultar la entrada de nuevas empresas extranjeras. Por lo tanto, es importante que las empresas españolas que deseen expandirse en el mercado tecnológico coreano cuenten con una estrategia sólida y bien planificada, que incluya la identificación de oportunidades específicas y la adaptación a las necesidades y preferencias del mercado coreano.

Una forma de hacerlo es a través de la colaboración con empresas coreanas establecidas en el mercado tecnológico. Las empresas españolas pueden aprovechar la experiencia y el conocimiento de las empresas locales para adaptarse mejor a las necesidades del mercado. Además, la colaboración con empresas coreanas también puede ayudar a las empresas españolas a establecer una presencia en el mercado y a mejorar su imagen de marca.

2. Desde su experiencia, ¿qué recomendaciones formularía para potenciar la cooperación tecnológica entre España y Corea del Sur?

La cooperación tecnológica e industrial entre España y Corea puede ser una oportunidad clave para el crecimiento económico y la innovación en ambos países. Para potenciar esta cooperación, recomendaría lo siguiente:

- Promover el intercambio de información y conocimientos entre empresas y organismos de investigación y desarrollo de ambos países. El intercambio de información y conocimientos es fundamental para el desarrollo de la cooperación tecnológica e industrial entre España y Corea. Se puede lograr a través de la organización de misiones empresariales, visitas a ferias y eventos, y la organización de foros y conferencias para discutir temas relevantes. También se puede fomentar la colaboración en la investigación y el desarrollo de proyectos conjuntos, con el fin de compartir conocimientos y recursos y mejorar la calidad de los productos y servicios.

- Fomentar la cooperación entre empresas a través de asociaciones, consorcios y proyectos conjuntos. La cooperación entre empresas es esencial para el desarrollo de la cooperación tecnológica e industrial entre España y Corea. Se puede lograr a través de la creación de asociaciones y consorcios, así como proyectos conjuntos en áreas específicas. Estas asociaciones pueden incluir la colaboración en el desarrollo de productos, la transferencia de tecnología,...

3. ¿Qué obstáculos encuentran las empresas españolas y surcoreanas en esta cooperación tecnológica?

La cooperación entre empresas españolas y coreanas en el sector tecnológico e industrial puede enfrentar diversos obstáculos, tanto culturales como legales y económicos. A continuación, se detallan algunos de los principales obstáculos y recomendaciones para superarlos.

i. Barreras culturales:

Uno de los principales obstáculos para la cooperación entre empresas españolas y coreanas es la diferencia cultural que existe entre ambos países. La cultura empresarial en Corea del Sur es muy diferente a la de España, lo que puede generar malentendidos o desencuentros en las negociaciones. Por ejemplo, en Corea del Sur se da una gran importancia a la jerarquía y al respeto por la autoridad, mientras que en España la cultura empresarial es más informal y horizontal.

Recomendación:

Es esencial que las empresas españolas que deseen establecer relaciones comerciales con empresas coreanas tengan en cuenta las diferencias culturales existentes entre ambos países. Para ello, es recomendable contar con un equipo multicultural que pueda asesorar a la empresa española en la cultura y costumbres de Corea del Sur. Asimismo, se recomienda llevar a cabo un proceso de adaptación y aprendizaje sobre la cultura y las costumbres empresariales del país antes de iniciar las negociaciones.

ii. Barreras lingüísticas:

Otro obstáculo importante en la cooperación entre empresas españolas y coreanas es la barrera lingüística. El idioma oficial en Corea del Sur es el coreano, y aunque muchas empresas tienen personal que habla inglés, en muchas ocasiones el nivel de inglés no es suficiente para mantener una comunicación fluida en negociaciones complejas.

Recomendación:

Para superar esta barrera, es esencial contar con personal que hable coreano o contratar a un intérprete o traductor especializado. Asimismo, las empresas españolas pueden invertir en la formación en idiomas de su personal para poder establecer una comunicación fluida con sus contrapartes coreanas.

iii. Barreras legales:

Otro obstáculo importante para la cooperación entre empresas españolas y coreanas son las barreras legales. La normativa legal y fiscal en Corea del Sur puede resultar compleja y diferente a la de España, lo que puede dificultar el establecimiento de relaciones comerciales.

Recomendación:

Es fundamental que las empresas españolas cuenten con un asesor legal experto en la normativa coreana y la normativa internacional. Asimismo, se recomienda contar con un equipo experto en asuntos fiscales para poder cumplir con las obligaciones fiscales tanto en Corea del Sur como en España.

iv. Barreras económicas:

Otro obstáculo importante para la cooperación entre empresas españolas y coreanas son las barreras económicas. Corea del Sur tiene una economía altamente competitiva y especializada, lo que puede resultar difícil para las empresas españolas que intentan entrar en el mercado.

Recomendación:

Para superar esta barrera, es recomendable contar con un plan de negocios sólido y un equipo de expertos en el sector tecnológico e industrial. Es esencial que las empresas españolas investiguen el mercado coreano, los productos y servicios que se ofrecen, y los precios y la competencia. Asimismo, se recomienda establecer alianzas estratégicas con empresas coreanas para aprovechar sus conocimientos y experiencia en el mercado.

v. Barreras tecnológicas:

Las barreras tecnológicas pueden presentarse en diferentes formas y afectar el intercambio tecnológico entre países, incluyendo a España y Corea del Sur. A continuación, se detallan algunas de las principales barreras tecnológicas que pueden enfrentar las empresas españolas y coreanas en su cooperación tecnológica e industrial.

a. Protección de la propiedad intelectual: La protección de la propiedad intelectual es fundamental para fomentar la cooperación tecnológica entre países. Sin embargo, en algunos casos, la falta de protección adecuada de la propiedad intelectual puede ser una barrera significativa para el intercambio tecnológico. Las empresas pueden ser reacias a compartir información técnica y conocimientos por temor a que puedan ser copiados o utilizados por sus competidores sin su consentimiento

b. Diferencias en los estándares tecnológicos: Las diferencias en los estándares tecnológicos pueden ser un obstáculo significativo para el intercambio tecnológico entre países. Por ejemplo, los estándares utilizados en Corea del Sur pueden ser diferentes a los utilizados en España, lo que puede dificultar la integración de tecnologías de ambos países. Para superar esta barrera, es importante que las empresas comprendan y se adapten a los estándares y regulaciones locales.

c. Dificultades en la comunicación: Las diferencias lingüísticas y culturales pueden dificultar la comunicación entre empresas de diferentes países. Además, la falta de una comunicación efectiva puede afectar la transferencia de conocimientos y la comprensión de la tecnología. Para superar esta barrera, es importante que las empresas establezcan canales de comunicación claros y efectivos, y consideren la posibilidad de contratar servicios de interpretación y traducción si es necesario

d. Costos de transferencia de tecnología: La transferencia de tecnología puede ser costosa debido a los costos de investigación y desarrollo, los costos de propiedad intelectual y los costos de adaptación y ajuste de la tecnología. Las empresas pueden ser reacias a transferir tecnología debido a estos costos. Para superar esta barrera, es importante que se establezcan acuerdos claros sobre los costos de transferencia de tecnología y se consideren incentivos para las empresas que participan en la cooperación tecnológica.

e. Falta de colaboración entre empresas: La falta de colaboración entre empresas de diferentes países puede ser una barrera significativa para la cooperación tecnológica e industrial. Es posible que las empresas no estén familiarizadas con los socios potenciales en otros países, lo que puede dificultar la formación de alianzas estratégicas. Además, las empresas pueden estar preocupadas por la competencia en lugar de la colaboración.

Para superar esta barrera, es importante fomentar la colaboración entre empresas y promover la formación de alianzas estratégicas.

f. Diferencias en los marcos regulatorios: Las diferencias en los marcos regulatorios pueden ser una barrera importante para el intercambio tecnológico. Por ejemplo, en Corea del Sur, la regulación y el proceso de aprobación pueden ser diferentes a los de España, lo que puede dificultar la comercialización de tecnologías en ambos países. Para superar esta barrera, es importante que las empresas comprendan los marcos regulatorios y consideren la posibilidad de establecer acuerdos internacionales que armonicen

4. ¿Qué impacto tienen las barreras culturales en dicha cooperación?

Las barreras culturales son un factor importante a tener en cuenta en cualquier cooperación entre países de diferentes culturas. En el caso de España y Corea, las diferencias culturales pueden ser un obstáculo para una colaboración efectiva en el ámbito empresarial y tecnológico. Por ejemplo, la comunicación puede ser un problema si no se tiene en cuenta el contexto cultural y las diferencias lingüísticas. En Corea, es común tener una jerarquía rígida en las empresas, donde el respeto hacia los superiores es muy importante. Por lo tanto, es crucial que las empresas españolas entiendan y respeten esta jerarquía, y se comuniquen de manera clara y respetuosa con sus socios coreanos.

Otro factor cultural que puede afectar a la cooperación empresarial y tecnológica es la forma de hacer negocios en cada país. En Corea, se valora mucho el establecimiento de relaciones personales sólidas antes de llegar a un acuerdo comercial. Las empresas españolas pueden encontrar esto difícil de entender, ya que en España el enfoque suele ser más transaccional. Es importante que las empresas españolas se adapten a la forma de hacer negocios en Corea y se esfuercen por establecer relaciones personales duraderas con sus socios coreanos.

5. ¿Qué errores cometen las empresas españolas en dicha cooperación?

Una de las principales barreras para la cooperación tecnológica y empresarial entre España y Corea es la falta de comprensión de la cultura y los negocios de cada país. Algunos de los errores más comunes que cometen las empresas españolas en la cooperación con Corea incluyen:

- Falta de preparación: a menudo, las empresas españolas no están lo suficientemente preparadas para hacer negocios en Corea. Esto puede incluir falta de conocimiento sobre la cultura, el idioma y las regulaciones comerciales.

- Diferencias culturales: como se mencionó anteriormente, las diferencias culturales pueden ser un obstáculo importante para la cooperación entre empresas españolas y coreanas. Es importante que las empresas españolas comprendan y respeten la cultura coreana, y se adapten a sus formas de hacer negocios.

- Falta de compromiso a largo plazo: en Corea, se valora mucho el establecimiento de relaciones personales sólidas antes de llegar a un acuerdo comercial. Las empresas españolas pueden cometer el error de centrarse en los beneficios a corto plazo y no establecer relaciones duraderas con sus socios coreanos.

- Comunicación deficiente: la comunicación efectiva es fundamental para cualquier cooperación empresarial y tecnológica. Las empresas españolas pueden tener dificultades para comunicarse de manera efectiva con sus socios coreanos debido a las barreras lingüísticas y culturales.

6. ¿Qué podemos aprender desde España (tanto las empresas como la Administración) de la experiencia de Corea y sus empresas para promover su desarrollo tecnológico? ¿Qué lecciones podríamos extraer de la experiencia de Corea?

Corea del Sur ha sido un ejemplo de éxito en cuanto a su desarrollo tecnológico y su capacidad para crear empresas innovadoras y competitivas en el mercado global. Desde España, podemos aprender varias lecciones de la experiencia de Corea para promover nuestro propio desarrollo tecnológico:

i. La importancia de la educación y la inversión en I+D: Corea ha invertido en la educación y la formación de su fuerza laboral, especialmente en ciencia, tecnología, ingeniería y matemáticas. Además, ha destinado una parte significativa de su presupuesto a la investigación y el desarrollo, lo que ha permitido el surgimiento de una industria tecnológica avanzada y competitiva.

ii. La necesidad de una estrategia clara y a largo plazo: Corea ha implementado una estrategia clara y a largo plazo para su desarrollo tecnológico, lo que ha permitido una planificación adecuada y la asignación de recursos y esfuerzos en las áreas clave de interés para el país.

iii. La importancia de la colaboración entre empresas, academia y gobierno: Corea ha establecido una estrecha colaboración entre empresas, academia y gobierno para desarrollar soluciones tecnológicas y promover el crecimiento económico. Esta colaboración ha permitido la transferencia efectiva de conocimientos y tecnologías, así como la creación de sinergias para lograr objetivos comunes.

iv. La necesidad de fomentar un ecosistema empresarial innovador: Corea ha fomentado un ambiente empresarial innovador y emprendedor mediante la creación de incentivos y programas para apoyar a las nuevas empresas tecnológicas. También ha implementado políticas para fomentar la innovación y la investigación y el desarrollo, y ha creado un ambiente favorable para la inversión extranjera.

v. La importancia de la infraestructura tecnológica: Corea ha invertido en la infraestructura tecnológica, incluyendo el desarrollo de redes de alta velocidad, lo que ha permitido una mayor conectividad y la implementación de nuevas tecnologías.

En cuanto a las lecciones específicas que podemos extraer de la experiencia de Corea, destacamos las siguientes:

i. La importancia de la inversión en investigación y desarrollo y la educación en ciencia y tecnología para el desarrollo de una industria tecnológica avanzada y competitiva.

ii. La necesidad de tener una estrategia clara y a largo plazo para el desarrollo tecnológico.

iii. La importancia de la colaboración entre empresas, academia y gobierno para promover la innovación y el crecimiento económico.

iv. La necesidad de fomentar un ambiente empresarial innovador y emprendedor mediante la creación de incentivos y programas de apoyo.

v. La importancia de la infraestructura tecnológica para permitir la implementación de nuevas tecnologías y la conectividad.

En conclusión, podemos aprender mucho de la experiencia de Corea en el desarrollo de una industria tecnológica avanzada y competitiva. Si bien cada país tiene sus propias características y desafíos, las lecciones extraídas de la experiencia de Corea pueden ser útiles para el desarrollo tecnológico y empresarial en España.

Documento n1. Entrevista n.8. Sr. Jae Wan Lee, Investigador Senior en el Instituto Coreano para el Avance Tecnológico (KIAT). (28/04/2023).

Esta entrevista ha sido realizada en inglés, ya que el Sr. Jae Wan Lee no entiende el español.

1. Is technology one of the most interesting sectors/opportunities for Spanish companies in the Korean market?

I understood that you would like to know interesting technology cooperation area in Korea for Spanish companies. I did demand survey for developing cooperation field between the KR-SP last year. The results were: Smart Manufacturing, Mobility, Renewable Energy, and Aerospace. Renewable energy is a good sector for cooperation too. I know that Korea is also interested in renewable energy such as SMR, Hydrogen, etc. because many Ministries are announcing or making their own strategies related to energy. Indeed, for example, I knew that Producing Hydrogen is strong field of Spain. I think Korean company wants to cooperate with renewable energy company in this field.

On the other hand, MOTIE (Ministry of Trade, Industry and Energy) of South Korea recently announced 11 strategic fields. The fields from demand survey are included in 11 strategic field.

2. From your experience, what recommendations would you make to enhance technological and industrial cooperation between the two countries?

In my personal opinion, first is Future Mobility. Future Mobility is including many technologies such as transportations, energy, etc. Also, both countries have strong advantage. For example, Spain: Train, Producing

Hydrogen etc; while Korea: Car, Hydrogen Fuel Cells, etc. I think that each country's advantage will be merged. It can make synergy.

I was told that working with Spanish companies is an advantage in order to enter the Spanish culture. I think it would be a good example to create an opportunity to enter the Spanish culture through the advantages of Korea's strong manufacturing industry and Spain's relatively cheap labor in Europe.

3. What obstacles do Spanish and Korean companies experience in this cooperation? What can be done to avoid them?

I think the big problem is language. Nowadays, lots of young Korean can speak English, but elder people might feel difficult to communicate with foreigners including English and (especially) Spanish as well. Language is a common barrier to international cooperation.

4. What impact do cultural barriers have on such cooperation?

There is an opinion that Korea has a culture of being fast, and that Europe and Spain are not fast enough. In fact, I think this culture of speed is one of the reasons for Korea's recent success. Sometimes the Korean work culture invades your personal life, which is not the case in Europe, so I think there needs to be a mutual understanding.

5. What mistakes do Spanish companies make in such cooperation?

I'm sorry, but I don't think I can answer this question.

6. What can Spain learn from the Korean experience and its companies to promote their technological development? What lessons can we learn from the Korean experience?

First of all, most Koreans work hard and fast, and I think that's the driving force behind our growth. Also, many new technologies have been developed by companies and various research institutes. I think this is due to the government's investment in R&D, which ranks second in the world as a percentage of GDP. I think we've gotten to where we are today through steady investment and hard work.

In terms of cooperation with Spain and Europe, I think one issue is the grouping of Europe. The companies have to comply with European regulations, which makes it difficult to accommodate national characteristics and specific requests.

Documento n.1: Entrevista n. 9. Dr. Juan José Ramírez Bonilla, profesor del Colegio de México en el Centro de Estudios de Asia y África. (08/05/2023)

1. ¿Es la tecnología uno de los sectores/oportunidades que pueden ser más interesantes para las empresas españolas en el mercado surcoreano?

En cuanto al desarrollo tecnológico surcoreano, el principal tema ha sido la capacidad del estado Coreano de generar recursos humanos que le han permitido generar un salto tecnológico. Esto lo ha hecho en dos niveles que me parecen fundamentales. El primero, que es la formación de la población, y el segundo, que es la orientación de los grandes conglomerados hacia las áreas priorizadas por el propio gobierno. En cuanto al primero, el gasto en la educación ha sido muy importante en Corea desde los años 70. Y si bien han ido cambiando las prioridades económicas del país, apostando primero por el desarrollo de la industria pesada (siderurgia, industria naval, etc.), muy pronto se dieron cuenta las ventajas que podían obtener en el ámbito de las telecomunicaciones eran mucho mayores. Buena parte del esfuerzo en invertir en educación lo focalizaron en la formación de ingenieros: hay un giro brutal y muy rápido en la orientación del gasto y de la matrícula en las instituciones de nivel medio y superior. Es decir, se promovió el paso del estudio de las áreas de humanidades a las científico-tecnológicas. Esto les permitió contar con ingenieros formados en la educación superior y posteriormente siendo reclutado por las grandes empresas surcoreanas. Es decir, los estudiantes adquirían una formación específica para las funciones de las empresas.

En cuanto al segundo, los grandes conglomerados surcoreanos (*chaebol*) estaban orientadas hacia las áreas prioritarias del Gobierno, que en aquellos tiempos eran las telecomunicaciones. Así fue como empresas como Samsung y LG lograron posiciones dominantes y privilegiadas en el comercio internacional.

Por supuesto, en la actualidad China ha ido desplazando las empresas surcoreanas en algunos de estos sectores, pero esta presión también ha facilitado que las empresas coreanas se actualicen. Poco antes de la pandemia existían problemas entre Japón y Corea entorno temas histórico políticos, pero que en el fondo Corea del Sur estaba intentando presionar a Japón a nivel tecnológico, ya que Japón había generado una cierta dependencia en áreas muy específicas en la construcción de semiconductores con los coreanos. Esto nos demuestra que, aunque Corea ha sido desplazada por empresas chinas en áreas de la computación (ordenadores), al mismo tiempo han sido capaces de fortalecerse en otros campos donde son esenciales a nivel mundial (los microchips). Su capacidad de reconversión es impresionante.

2. Desde su experiencia, ¿qué recomendaciones formularía para potenciar la cooperación tecnológica entre España y Corea del Sur?

Una de las grandes recomendaciones para cualquier país que quiera potenciar la cooperación tecnológica con Corea del Sur es, definitivamente, incrementar el gasto en la educación y compenetrar la administración pública con las empresas privadas e incluso los centros de investigación. El gasto en educación de la mayoría de países, sean esos avanzados o en vías de desarrollo, está muy por debajo de lo que han hecho los surcoreanos, que destacan por dedicar el mayor porcentaje del PIB en la educación. Esta es una de las mayores ventajas que posee Corea.

Por lo tanto, los Gobiernos, si bien no pueden aumentar el gasto en educación en términos generales, tendrían que ser consistentes en una política de desarrollo de sectores específicos donde la propia administración pública pudiese desarrollar capacidades competitivas. Por ejemplo, el caso de España con el sector automóvil. En vísperas del cambio tecnológico de coches que ya no utilizarán los motores de combustión interna, el gobierno español tendría que empezar a pensar de qué manera vincularse a este cambio tecnológico. Para eso tendría que canalizar fondos para formar recursos humanos especializados en esta transición y al mismo tiempo que las empresas españolas pudiesen buscar ventajas en el sector automovilístico para permanecer líderes en el mercado global.

¿Y en las energías renovables? ¿Es cierto que es un "tren que dejamos pasar"?

No soy un experto en el tema, pero no consideraría que es un tema pasado de moda. Al contrario, no desaconsejaría ni a las empresas españolas ni al gobierno de concentrar su atención en otros sectores y descuidar el de las energías renovables. Es un tema que volverá con frecuencia y lo peor sería dejar el campo libre a los chinos, que ahora son los principales exportadores en paneles solares y los principales constructores de las hélices.

Además, Corea tiene una gran dependencia del consumo de petróleo para generar electricidad. Obviamente, esto implica mayor contaminación ambiental. Por este motivo, el gobierno surcoreano podría estar interesado en establecer una cooperación en renovables, sobre todo porque esta dependencia implica un gasto enorme cuando los precios suben (hecho que sucedió después de la pandemia). Los surcoreanos tendrían que buscar una mayor autonomía del petróleo y apostar por las renovables, hecho que disminuiría también la dependencia con China.

3. ¿Qué obstáculos encuentran las empresas españolas y surcoreanas en esta cooperación tecnológica?

La cooperación permite la movilidad de técnicos especializados, por lo que no considero que los diferentes modos de pensar o de hacer sean un obstáculo en las cooperaciones entre países occidentales y orientales, como España o México con Corea del Sur. Las diferencias culturales se van borrando en la medida que sea posible establecer un trabajo cuotidiano entre coreanos y cualquier otro grupo de individuos con un *background* cultural distinto. Eso sí, es imprescindible que el programa de cooperación vaya acompañados de mecanismos para el aprendizaje de la lengua y, sobre todo, para aprender la manera de trabajar del otro y poder congeniar al trabajar conjuntamente.

4. ¿Qué impacto tienen las barreras culturales en dicha cooperación?

Tal y como se ha dicho en la pregunta anterior, las barreras culturales no son limitantes.

5. ¿Qué errores cometen las empresas españolas en dicha cooperación?

El principal error consiste en querer imponer maneras de trabajo propias, cuando lo que está en el fondo de cualquier cooperación son los diferentes modos de organizar la producción. Para superar estos errores, la cooperación se presenta como el mecanismo idóneo para que exista un aprendizaje mutuo del modo de operar de las empresas. Por ejemplo, en México en el sector automóvil era impensable que empresas japonesas fueran dirigidas por mujeres. En cambio, Nissan México está dirigido por una mujer mexicana. Por lo tanto, esto implica cambios importantes tanto en las maneras de operar en las empresas locales como en las asiáticas. Esto se puede aplicar a otros países, como Corea.

6. ¿Qué podemos aprender desde España (tanto las empresas como la Administración) de la experiencia de Corea y sus empresas para promover su desarrollo tecnológico? ¿Qué lecciones podríamos extraer de la experiencia de Corea?

Para responder a esta pregunta es necesario entender que los países asiáticos tienen una base común en la experiencia de desarrollo económico: que es el hecho de que aprendieron muy rápido de los japoneses en los años 80. Japón tenía problemas estructurales: el país ya no podía asumir inversiones productivas porque la población japonesa empezaba a decrecer y ya no podían seguir expandiendo la economía doméstica de modo permanente. Las grandes empresas japonesas buscaron internacionalizarse, y esto dio lugar al origen de las cadenas globales de valor. Japón se convirtió en una potencia gracias al Acuerdo Plaza de 1985 y la crisis petrolera, momento en el que las empresas japonesas tuvieron más dólares que yenes. Esto es un hecho que pasa desapercibido a los economistas. Gracias a estas circunstancias, las empresas japonesas decidieron establecer una división internacional de sus propios procesos productivos y empezaron a catalizar el proceso de construcción en otros países asiáticos.

Corea del Sur con los *chaebol*, hizo algo similar. Taiwán es algo aparte, ya que apostaron por desarrollar la división del trabajo dentro de grandes procesos productivos, especializándose en áreas muy específicas. Pero los países de la ASEAN se asociaron con Japón y empezaron a replicar su modelo. Corea no fue una excepción.

El problema actual con las cadenas de valor globalizadas es que tienen su base de producción en China. Ahora nos encontramos en un proceso de reconfiguración de estas cadenas, donde es posible volverse a insertar porque las empresas (ya sean occidentales u orientales) están buscando nuevas localizaciones. Con la pandemia las preferencias de las empresas han cambiado, priorizando el *reshoring*.

Documento n.1: Entrevista n. 10. Embajador Emilio de Miguel Calabia, Director de Casa Asia y Embajador en Misión Especial de España para el Indo-Pacífico. (12/05/2023)

1. ¿Es la tecnología uno de los sectores/oportunidades que pueden ser más interesantes para las empresas españolas en el mercado surcoreano?

Sí, aunque en algunas áreas Corea está delante de nosotros.

2. Desde su experiencia, ¿qué recomendaciones formularía para potenciar la cooperación tecnológica e industrial entre España y Corea del Sur?

Responderé desde mi experiencia como Embajador en Tailandia. El interlocutor suele ser CDTI, que tiene oficinas en Delhi, Pequín y Tokio. El contacto humano es muy importante y por ello son vitales las misiones de CDTI. Es clave que veamos dónde somos complementarios. En el caso de Tailandia encontramos mucho interés por la agroindustria y firmamos un MOU para trabajar en la mejora de la capacidad nutricional de una determinada variedad de arroz. Cualquier estrategia con Corea debería seguir un poco estos pasos evidentes.

3. ¿Qué obstáculos encuentran las empresas españolas y surcoreanas en esta cooperación tecnológica?

El desconocimiento. En muchos países todavía no se asocia a España con tecnologías avanzadas y de calidad. Parte de ese desconocimiento se debe a que las distintas instancias de nuestra Administración no hacen suficientes viajes y visitas, cosa esencial en Asia. CEDETI es una excepción; se lo toma en serio. Otra cosa son los medios con los que cuenten. Los italianos son parecidos a nosotros, pero se venden mucho mejor y han desarrollado una imagen de marca en Asia, que a menudo a nosotros nos falta. Tenemos un problema de imagen en Asia porque somos poco conocidos y no estamos poniendo los medios para solucionarlo.

4. ¿Qué impacto tienen las barreras culturales en dicha cooperación?

Trabajar en Asia no es fácil. Tienes que ser consciente de una serie de códigos de conducta y yo creo que las empresas los están comprendiendo mejor que la propia AP. Suelen tener un grupo de gente experta en haber trabajado en Asia. Necesitas un socio local, alguien que te abre puertas y todo eso no se consigue desde Madrid. Se puede hacer negocios en todas partes en inglés, pero el idioma local te ayuda para una mayor intimidad: a los asiáticos les gusta que hables algo de su idioma, aunque luego la negociación sea en inglés (tampoco piden que lo hables perfecto, lo justo para mostrar interés y respeto por su cultura).

5. ¿Qué errores cometen las empresas españolas en dicha cooperación?

Enviar gente demasiado joven. Son culturas donde la edad es muy importante. Son culturas que, aunque sean machistas, pueden aceptar a una mujer, pero debe tener cierta edad y demostrar más excelencia que un hombre. Más allá de esto, los hombres de negocios que he conocido me han causado buena impresión. Errores en comunicación intercultural no he visto tantos.

6. ¿Qué podemos aprender desde España (tanto las empresas como la Administración) de la experiencia de Corea y sus empresas para promover su desarrollo tecnológico? ¿Qué lecciones podríamos extraer de la experiencia de Corea?

Uno de los componentes del milagro asiático ha sido una gran intervención del Estado en la economía en aquellos sectores a los que quería dar importancia. Ahora mismo la educación española tiene problemas serios. Los adultos salen cada vez peor preparados de sus vidas académicas y se están bajando estándares. Pero los ingenieros españoles aún tienen buena prensa. Otro defecto nuestro es no pensar a largo plazo. Japón y Corea están donde están porque pensaron a largo plazo, nosotros no. Somos incapaces de ser consecuentes, de llevar a cabo políticas que necesitan mucha constancia, no cambiar las cosas de año en año... Yo lo que percibía en Tailandia es que el modelo de vender flamenco y toros está agotado: en turismo lo que tiene éxito en Asia es el turismo gastronómico, algunas manifestaciones culturales (Gaudí, por ejemplo, tiene muchísimo éxito en Asia) y el turismo de golf. El golf español a nivel de infraestructuras es muy competitivo. Cuando se crea un restaurante español en Asia suele tener éxito: especialmente el jamón ibérico y otros embutidos, las gambas al ajillo y la paella arrasan. El que llega a conocer nuestro vino lo aprecia, pero tenemos competencia de vinos chilenos que entran a esos países sin impuestos o con impuestos más bajos.

Documento n.1: Entrevista n. 11. Ramón Gascón, ex Country Manager del BBVA en China y Director General en Corea del Sur, Coordinador del grupo de trabajo de Asia en el Club de Exportadores e Inversores de España (19/05/2023).

1.¿Es la tecnología uno de los sectores/oportunidades que pueden ser más interesantes para las empresas españolas en el mercado coreano?

En primer lugar, creo que la tecnología es un elemento *sine qua non* para el mercado surcoreano. En Corea del Sur la tecnología está presente en cualquier sector, por ende, cualquier empresa que quiera entrar en dicho mercado, tiene que tener esto en cuenta. Además, el modelo industrial y tecnológico del país se parece mucho al japonés (de pre-guerra mundial), aunque contiene sus propias particularidades. Si hay un país en el mundo que ha apostado por la transición digital y tecnológica es Corea, que empezó a cambiar sustancialmente en la década de 1980. Evidentemente, esto se abre al campo industrial, sobre todo con las energías renovables y la automoción, que tienen un proceso elevado de digitalización en los que ya estamos metidos, por lo que podría ser una oportunidad.

2.Desde su experiencia, ¿Qué recomendaciones formularía para potenciar la cooperación tecnológica e industrial entre los dos países?

De momento, la cooperación tecnológica entre empresas españolas tiene un punto de complicación porque Corea del Sur está más avanzada tecnológicamente. Puede haber nichos concretos en los que España es competitiva como lo son las Renovables. Creo que las empresas coreanas prefieren actuar solas por terceros mercados. No es que no haya oportunidades para empresarios o empresas españolas que quieran colaborar con una surcoreana, pero en este caso la tecnología es un factor diferencial. En general las empresas Europeas deben hacer un esfuerzo para invertir más en desarrollo tecnológico. El paradigma de la UE es encontrarse con un alto grado de dependencia de China y EEUU y poder hacer frente a la nueva política que pretende impulsar la UE con relación a la Autosuficiencia tecnológica.

3. ¿Qué obstáculos encuentran las empresas españolas y coreanas en esta cooperación? ¿Qué se puede hacer para evitarlo?

En el caso de que se trate de una empresa española que quiera iniciar sus actividades en Corea del Sur debe tener en cuenta que es un país muy proteccionista y nacionalista. Además, la propia población prefiere consumir productos de empresas de su país. En 2013 había 4500 empresas europeas cooperando en Corea del Sur, significa que mercado hay y está facilitado por el TLC firmado en 2011 entre la UE y Corea.

4. ¿Qué impacto tienen las barreras culturales en dicha cooperación?

Tienen muchísima importancia. Los coreanos son más abiertos y directos que otras poblaciones asiáticas. Además, tal y como ocurre de forma recurrente en Asia, priorizan la cultura empresarial de su país, por lo que es necesario establecer relaciones con ellos e introducirte mucho en su cultura. Al ser un país muy innovador, les gusta beber de Europa y Occidente aquello que consideran tendencia, tal y como pasó con en el sector de la motocicleta, que se introdujo en Corea gracias a las firmas europeas y no japonesas. Los surcoreanos valoraban conducir motocicletas BMW, Harley-Davidson, etc.

5. ¿Qué errores cometen las empresas españolas en dicha cooperación?

En primer lugar, no lo definiría como una cooperación, sino como una penetración en el mercado surcoreano. La cooperación entre una firma coreana y otra europea o española es muy difícil. Es más "fácil" intentar establecerse en su mercado. Dicho esto, los errores más frecuentes son casi los mismos que se cometen en otros países: falta de conocimiento, lejanía (Asia es un mercado muy lejano), poco preparamiento en el desembarque en Asia (poca formación), profesionales no locales, entre otros. No obstante, los surcoreanos sí que son más exigentes con la educación y la formación del personal.

6. ¿Qué podemos aprender desde España (tanto las empresas como la Administración) de la experiencia de Corea y sus empresas para promover su desarrollo tecnológico? ¿Qué lecciones podríamos extraer de la experiencia de Corea?

Apostar por la tecnología como pilar de crecimiento. Los surcoreanos utilizan la tecnología para facilitar su desarrollo económico y sus respectivas fases, ya sea a nivel administrativo o empresarial. Incluso los extranjeros que viven allí pueden utilizar fácilmente las aplicaciones o la tecnología que los surcoreanos utilizan cuotidianamente. Es decir, la entrada en el mercado no es fácil porque su desarrollo tecnológico lo facilita. Otro denominador común en Asia es la compenetración entre la administración pública, la empresa privada y el mundo académico: a pesar de que su modelo de mercado es capitalista, el Estado siempre tiene una importancia fundamental al hacer negocios, sobre todo en los *chaebol*.

Números Publicados
Serie Unión Europea y Relaciones Internacionales

Serie Política de la Competencia y Regulación